Spanish Leadership: Liderazgo es tratar con la gente de principio a fin. 100 millones de usuarios lo demuestran en LinkedIn

Together

Everybody

Achieves

More

Por Jorge Zuazola fundador de Spanish Leadership © 2011 Spanish Leadership (www.spanishleadership.com). 3 Junio 2011 **ISBN-13: 978-1463564049 ISBN-10:146356404X**

DEDICATORIA

A mi hija Carmen Zuazola Fonyonga por ser la luz de mi vida. A su hermano Leonardo (q.e.p.d) para que tenga las seguridad que los juramentos ante su tumba los cumpliré para bien y en harmonía.

A mis padres Armando y Miren por educarme en la fé cristiana y. en lo que es más importante, en ser español

BIOGRAFÍA

Jorge Zuazola es el fundador de www.spanishleadership.com que él mismo define como una **triple I** en inglés (Internet Ideas Incubator o sea una Incubadora de Ideas por Internet). Español de 44 años, es doble licenciado en Ciencias Económicas y Empresariales por La Comercial de Deusto en Bilbao, Master en Business Administration por el City Business College de Londres y afiliado al Instituto de Auditoría Interna en Londres. Tras licenciarse en Deusto Jorge tuvo el privilegio de ser de los pocos españoles que se beneficiaron de la beca COMETT de la CEE (hoy en día UE) y en 1990 trabajó 6 meses en la British Steel, la única siderurgia europea entonces privatizada por obra del liberalismo de Margaret Thatcher. Tras trabajar tanto en Londres como en Montreal regresó a Bilbao en Octubre de 1990 entrando a formar parte de KPMG pero su filosofía pro-anglosajona le llevó de regreso a Londres en Abril 1992 para comenzar su MBA en la City de Londres. Tras completarlo en Agosto 1993 empezó a trabajar en Iberia Londres pero rápidamente su pedigrí en el mercado londinense le llevó a ser buscado para Thorn EMI en los European Heaquarters en Fráncfort. Debido a la separación de Thorn y EMI, dichos headquarters se cerraron por lo que Jorge entró a trabajar en Septiembre 1995 en la sede central de Adidas en Alemania reportando al Vicepresidente de Auditoria Interna como parte de la estructura necesaria para sacar la empresa a bolsa. La salida a bolsa guiada por el Chief Financial Officer, de Adidas, un MBA de Wharton, llamado Pierre Galbois, a quien Jorge considera su mentor, marcó un hito en Europa por ser la primera en hacerse de acuerdo a las normas IFRS resultando en una cuatruplicación del precio de bolsa. Allí tuvo el privilegio de ver como en España surgía en 1996 un auténtico líder y gestor llamado Benjamín Clarí (del que Jorge se confesa entusiasta admirador) porque desde que le conoció nunca tuvo ninguna duda de que Benjamín lograría grandes cosas en el mundo de la gestión deportiva. Lo logrado por Benjamín Clarí de 1996 a 2005 confirmó la percepción de Jorge.

Tras su paso por Adidas, Jorge se mudó a Londres donde fue Gerente de Auditoría y Control de Fortune Brands, un gran holding americano que tiene intereses en el deporte como las marcas de Golf Titleist, Footjoy y Cobra. Posteriormente fue Vicepresidente de Auditoria de la empresa HEAD el fabricante de productos de esquí, raquetas y pelotas de tenis. Entre ambas empresas también tuvo su experiencia en Estados Unidos como Director de Auditoria Interna de la empresa consultora META Group, un consulting de tecnología que cotizaba en Nasdaq en Nueva York. Allí se familiarizó con el concepto de Retained Advisory Services (RAS) (que en español se traduciría como Servicios de Asesoramiento Exclusivo) a clientes como American Express, Bank of America u otro tipo de instituciones globales. Jorge reside actualmente en Fráncfort, Alemania en función de su último rol como Controller Financiero para Europa en un proveedor americano de General Motors. Sin embargo debido a la bancarrota de esta empresa los proyecto de Jorge son actualmente de consultoría. Como European Financial Contractor de Adams Harris una pequeña firma de Atlanta se especializa en US GAAP, Sarbanes-Oxley y gestión de riesgos, como fundador de Spanish Leadership ofrece RAS a deportistas, empresas y entidades deportivas y también como uno de los expertos de LinkedIn en Alemania (como se puede ver en su perfil público http://de.linkedin.com/in/jorgezuazola que sale el primero en búsquedas en Google) asesora a empresas para desarrollar sus redes de negocio.

A nivel futbolístico Jorge está orgulloso de decir que es solo hincha del EFC (España Fútbol Club). Para él no existe más color que el rojo y amarillo. Jorge entiende que cuanto más progresen los equipos españoles en Champions (llámese Spanish Liverpool, Arsenal Villarreal o Sevilla y no solo Madrid o Barca) mayores serán las opciones de que Vicente Del Bosque tenga un equipo altamente experimentado. Una de sus mayores satisfacciones futbolísticas tras volver del Alemania-España de Viena fue el leer la unanimidad de la prensa alemana destacando que los 11 titulares españoles eran experimentados jugadores de la Champions League lo cual fue la clave del éxito de España. Por el contrario del once titular alemán solo había 4 titulares genuinos en Champions: Lahm Schweinsteiger Ballack y Klose puesto que ni Lehmann ni Podolski ni Metzelder eran titulares en sus respectivos equipos y el resto no eran jugadores regulares de Champions. Su idea de fundar Spanish Leadership.com surge de una serie de conversaciones y encuentros incidentales con Iker Casillas, Xavi Hernández, Carles Puyol y Andrés Iniesta en Bruselas en Octubre 2008 durante la disputa del Bélgica-España de fase clasificatoria para el Mundial 2010.

PROLOGO DE DAVID SUTIL

Es un honor poder hacer la introducción de este libro, primera obra del dinámico y polifacético ejecutivo español Jorge Zuazola y que aborda una temática, el Liderazgo, tan mal interpretada como apasionante. Encontrarán de forma interesante y amena muchos consejos, recomendaciones, sugerencias y sencillas explicaciones para poder mejorar sus dotes de líder, tratar con personas, y lo más importante, mejorar otros aspectos de su vida más allá del profesional y laboral.

La amplia experiencia internacional de Jorge Zuazola en grandes multinacionales ejerciendo su rol de liderazgo, y la mala interpretación de esas funciones en España es una de las principales motivaciones para ponerse a recopilar este gran análisis que tienen frente a ustedes.

La segunda motivación, y quizás con idéntico rango jerárquico, son los éxitos del Deporte español en los últimos tiempos. Hemos pasado a disfrutar de triunfos de auténticos prodigios de la naturaleza que han sido eficazmente gestionados, que se han consolidado en las victorias, y que han cambiado la cara a nuestra peculiar idiosincrasia. Nuestros deportistas han optimizado la tradicional garra y carácter tan patrios, tan nuestros, para enfocarlos en una manera moderna, profesional y efectiva de competir y de triunfar.

Echarle valor era muchas veces el recurso nacional en competiciones internacionales. Ahora hay mucho más. Triunfos colectivos como el de la selección nacional de fútbol en la Eurocopa 2008, las Copas Davis de tenis, que van sucediéndose de manera constante, un campeonato mundial de baloncesto, o triunfos individuales como las carreras deportivas de Rafa Nadal, Fernando Alonso, Pau Gasol, Alberto Contador, y un larguísimo etcétera, son algo más que la unión de los mejores, algo más que un excelente deportista. Hay planificación, hay medios profesionales, hay capacidad de competir, trabajo de equipos orientados a lograr los mejores resultados, hay disciplina y dedicación. Hay liderazgo gracias a personas como Luis Aragonés, Vicente del Bosque, Pep Guardiola, nuestro amigo Emilio Sánchez Vicario, Albert Costa, Lolo Sainz, Pepu Hernández y tantos otros que olvido y que no por ello son menos responsables de las victorias.

Una habitual crítica de Jorge Zuazola es precisamente que ese liderazgo que hemos visto en asuntos deportivos y que podemos ver en algunos casos en asuntos económicos y empresariales, es absolutamente inexistente en temas políticos. Oscuros intereses del poder_que Zuazola analiza en esta obra, evitan que en estos momentos una opción política, un equipo, o una persona, logre aunar esfuerzos y poner a todo el grupo a remar en la misma dirección.

De mi lectura de esta obra y de su título extraigo un concepto fundamental sobre el liderazgo: Personas. Olvídense de connotaciones y no vinculen liderazgo con caudillismo o fanatismo. El líder no es el jefe ogro del "ordeno y mando" cuya misión principal es sancionar y atemorizar a su equipo, mantener el orden e imponer su criterio. Esa imagen del jefe de los comics, de películas del siglo pasado, esa persona negativa, abusiva, no es un líder. Un líder no tiene por qué mandar, ni dirigir a gente. El liderazgo es una actitud, una forma de actuar, de pensar, de trabajar y en definitiva, de vivir.

Haciendo autocrítica, como reiteraba anteriormente, en España es habitual confundir esos términos. Y las consecuencias son muy graves y negativas para nuestros intereses. Tenemos un gran capital humano, personas, con cada vez mejor formación y potenciales líderes. Pero los tópicos, la idiosincrasia, el carácter, nuestra cultura lastran el desarrollo de todas esas cualidades potenciales.

Somos vagos, muy peculiares, pasotas y casi hasta anti patriotas, pero ojo, no hubo más demostración de orgullo nacional que con motivo de esas celebraciones de la mencionada Eurocopa 2008 en todo el país, incluso en Cataluña y en el País Vasco. Somos cainitas, envidiosos, muy poco objetivos, poco activos y dinámicos, pero también somos leales, sacrificados, y gente de bien.

Somos muy contradictorios, y a veces en el exterior no comprenden muy bien nuestra idiosincrasia. Producimos algunos de los mejores productos agroalimentarios del mundo pero no somos capaces de venderlos como deberían. Puedes montar un pequeño equipo internacional en una empresa en el que haya 2 españoles, y puede suceder que se odien entre ellos, o que se veneren tanto que peligre la estabilidad del grupo en ambos casos.

Tenemos una peculiar visión del mundo. Podemos estar dos semanas de vacaciones, por ejemplo en Tokio, maldiciendo la cultura, sociedad y gastronomía japonesa, mientras añoramos los chipirones del bar de la esquina, y regresar a España hablando maravillas de Japón, recomendando a toda nuestra gente ese apasionante viaje sin olvidar degustar un buen "shabu-shabu", plato al que considerábamos poco antes una mala sopa "juliana". Quien dice Japón, dice Estados Unidos, Francia, Alemania, como quien dice Madrid, Cataluña, Canarias, Euskadi o cualquier lugar que no sea nuestra patria chica.

Volviendo de nuevo al liderazgo, y a las personas, no caigamos en tópicos, no destaquen las imperfecciones enfóquense en sus cualidades humanas. Tienen ustedes los próximos capítulos por delante para ser líderes: sacar lo mejor de si mismos y mejorar los puntos débiles. Como decía anteriormente, será muy positivo para su carrera profesional, para el mundo laboral y empresarial, pero también para sus relaciones personales, familiares y para su vida. Somos seres sociales, y siempre interrelacionamos con otras personas, incluso usando las nuevas tecnologías. Muchas personas olvidan que detrás de un perfil en LinkedIn o Facebook, detrás de un Twitter o un blog, o al otro lado del teléfono o el chat hay personas como nosotros: con sus defectos y virtudes, sus triunfos y sus errores, con su perfecta imperfección, todos iguales, todos diferentes.

Sea un líder, aspire a lograr la excelencia, al trabajo bien hecho, a los mejores resultados, a los triunfos en todos los aspectos de su vida. Siga los consejos de Jorge Zuazola e inspírese con los ejemplos de los éxitos deportivos, mejore sus relaciones personales y no tema al uso de las nuevas tecnologías. Estoy seguro de que con una actitud positiva logrará mejores resultados y disfrutará plenamente de todo lo obtenido. Adelante.

David Sutil, Miami, Florida, EE.UU. 17 Abril 2010

INDICE

1.   Iniciativa y concepto de liderazgo según Spanish Leadership

1.1. Octubre 2008: La idea surge en un viaje Fráncfort-Bruselas-Fráncfort

En Octubre 2008 aproveché las vacaciones alemanas otoñales de las Herbtsferien parar irme a Bruselas a ver el Bélgica-España de calificación para el Mundial 2010. Mi objetivo era doble. Por un lado verificar in situ que lo que había vivido en el Ernst Happel de Viena el 29 Junio 2008 no era flor de un día y por otro lado pasearme con orgullo con mi bandera española por la capital de Europa Bruselas como campeón de Europa.

Estando en el hotel de la selección española para recoger mi entrada, de manos de las grandes profesionales que son Silvia Dorschnevora y Paloma Antoranz de la Real Federación Española de Fútbol, tuve que hacer mi tiempo de espera como todo el mundo. En este tiempo de espera me hice esta foto con los vascos españoles del equipo, Xabi Alonso y Andoni Iraola así como con Miguel Gutiérrez, fisioterapeuta de la selección que en Octubre 1984 me trató en la consulta del doctor Carlos Ruiz (ex delantero centro del Athletic de Bilbao y el Espanyol de Barcelona) de una recuperación de rodilla tras una operación de menisco que me llevó a dejar el fútbol por la Universidad pues no me operé del ligamento cruzado que tengo roto.

Iker Casillas se encontraba en un salón charlando con algún asesor. Tras acabar la charla nos saluda a un grupo de aficionados y dice en alto "Me voy a ver una película" Le digo ¿Tienes Internet para ver? Me contesta que sí. Y le digo ¿Te has visto ese video que hay colgado por ahí en el que salen los de tu pueblo de Móstoles con la camiseta de Móstoles a Viena?. Me dice Iker "No ¿Cuál es?. Le di el título que había visto colgado en Internet y me dijo lo veo (Iker es de Móstoles).

España ganó aquel día en Bruselas, cuando don Andrés Iniesta nos deleitó con aquel golazo. Lo que no sospechaba yo es que al día siguiente me iba a topar con él en persona. Yo salía en un vuelo a Fráncfort sobre las 10.30 porque estaba de vacaciones. Y por lo visto Xavi Hernández, Carles Puyol y Andrés Iniesta ya estaban en la onda de maravilla de Pep Guardiola porque habían hecho noche en Bruselas para descansar y tomar el primer vuelo a Barcelona para llegar al entrenamiento del Barca.

Según paso el control de seguridad y metales en una de las multitudinarias colas del mal organizado aeropuerto de Zaventum de Bruselas miró a mi cola de la izquierda y veo un pitufo con pelo picho "engominadín" que resalta por no ser hombre de negocios. Me digo (no puede ser Xavi). El tipo andaba inclinado y con un montón de gente de corbata solo lo cual daba el cante. Volví a mirar tras dar unos pasos y cuando yo ya había recogido mi equipaje de mano, vi que era Xavi. Me di cuenta de que como habían estado 10 días en Estonia y Bélgica su maletón de equipaje de mano no era aceptado por seguridad. Así que salté a echarle un cable con el inglés porque le quitaban todo tipo de cremas que llevaba. Le dije a seguridad del aeropuerto quién era y que le tratasen bien.

Mientras esperaba a Xavi vuelvo hacia atrás a la cola donde yo había pasado y veo uno que en español tiene melenas. Le veo de perfil y que hace un gesto de enfado con tanto coñazo de control. Y es Puyol, cuando voy a acercarme a él casi empujo con mi tamaño a otro diminuto que va de traje sin corbata y que es Andrés Iniesta.

Le digo a Andrés, "primero enhorabuena por tu golazo y segundo gracias". Y me contesta como un caballero que está tímido hablando conmigo: "Muchas gracias". Me deja perplejo y mientras esperamos a Xavi los 3, nos hacemos dos fotos por separado con cada jugador. La seguridad se pone a gritar en inglés y se me echan encima. Pero yo solo me acelero cuando hablo español. En inglés no acepto lecciones. Me querían confiscar la cámara. Le dije a la tipa que saliese su manager o llamaba a la policía. Vino la manager. Le enseñé que tenía fotos en el estadio y con los jugadores en el hotel y que no iba a entregar mi cámara. Me pidió que borrase las fotos en esa zona de seguridad del aeropuerto delante de ella. Lo hice. Le mostré liderazgo y aceptó. Me dejo ir y Xavi ya venía hacía nosotros para subir las escaleras mecánicas.

Le digo a Xavi, "es que son muy estrictos". Me dice "joe macho aquí te miran todo hasta tu ropa interior". Le digo: Hasta la cámara casi me quitan. Ahora nos hacemos una foto en la zona de arriba. Y le digo: "No he venido desde Francfort para estar avergonzado de vosotros sino orgulloso, voy a crear una empresa de liderazgo por Internet". Y Xavi me dio la primera lección de liderazgo, me miró a los ojos y me dijo ¿Sí? Y yo le expliqué que algo quería hacer. Que tras haber estado con 12.000 españoles (aquello parecía el Ernst Happel de Viena) venidos de Bélgica, Holanda, Francia, Alemania y hasta un autobús de Edimburgo, algo había que hacer por la gente. "¿No viste la pancarta de Gracias Campeones?" le dije. "Si si", me responde el tipo anonadado. Aquí las 2 fotos que me inspiraron: la foto con el trío estelar del Barca y la pancarta que alguien llevó al estadio.

El que nos hace la foto fue un belga que luego salió corriendo detrás de Puyol. No les había reconocido inicialmente pero luego le dijo Puyoooooooollllllll. Y era ejecutivo de empresa.

Después me fui a una sala de Frequent Flyer de Lufthansa y ví que el video que le había dicho a Iker había tenido visitas el día anterior. Hice un query en Internet y me dio BELGICA como último país donde se había visto el video más de 20 veces. Me di cuenta que los jugadores habían visto el video por orden de su capitán y líder.

Cuando escribo este libro (Abril 2010) quedan aún más de 2 meses para el comienzo del Mundial. Este libro no versa sobre el Mundial sino sobre Liderazgo por tanto su publicación es independiente de tal evento. De hecho Ángel María Villar ha demostrado su enésima dote de liderazgo confirmando a Vicente Del Bosque pase lo que pase. Así se hacen las cosas en los países serios. No obstante te dejo con un logo que es un montaje de Photoshop para que te reflejes en ellos. Son unos lideres españoles. Emilio Sánchez Vicario me dice que Feliciano López está encantado con Spanish Leadership pues les inspiró en la consecución de la cuarta Copa Davis en 2009. Como verás en la sección 1.2 todo es consistente.

1.2. La definición de liderazgo es sólo una simple frase.

En una frase: Liderazgo es tratar con gente desde el principio hasta el final

La mayoría de la gente en España equivocadamente diría que liderazgo es visión, coraje, credibilidad, determinación o incluso militarismo o política. En Spanish Leadership creemos sinceramente que liderazgo es, primero y sobre todo, tratar con la gente. Se trata de que los líderes sean capaces de liberar a la gente para que estos hagan lo que necesitan hacer en la forma más productiva y beneficiosa para ellos y para todos. Tú no te puedes llamar líder y no tener seguidores.

Los logros y enhorabuenas más grandes de un líder son sus seguidores y sus seguidores reflejarán el valor positivo y las misiones de un líder. Lógicamente lo opuesto es también verdad: Liderazgo defectuoso – por ejemplo la falta de integridad, que, tristemente, a menudo asociamos con los políticos de la España de hoy- se reproducirá por sí mismo en sus seguidores más defectuosos aún.

Esta es la razón por la que el logo de Spanish Leadership es en inglés, TEAM porque TEAM equivale a:

Together
Everybody
Achieves
More.

Si bien el logo oficial de Spanish Leadership está en portada, el logo antes mencionado en sección 1.1 solo saca a nuestros deportistas. Estamos orgullosos de ellos. Spanish Leadership es un triple iii (Internet Ideas Incubator o Incubadora de Ideas en Internet) en inglés. Tiene que ser en inglés porque tristemente la mayoría de los hombres mujeres de nuestro país piensan que ser fluidos en inglés no es un deber. Equivocadamente piensan que alguien vendrá y les pondrá un alfombra roja para ser fluidos en un inglés de buen nivel. Todos los que están asociados a Spanish Leadership son nativos españoles. Sin embargo como TEAM combinamos más de un siglo de experiencia internacional en Europa, Estados Unidos, Asia Pacifico, África y Sudamérica. Somos todos seriamente fluidos en inglés.

El Liderazgo es simplemente realizar acciones y motivar a los otros a hacer lo mismo. Contrariamente a la creencia generalizada en España, el liderazgo no es solamente tener una posición de trabajo para chorrear del mismo (y aclaro que la palabra chorreo la aprendí muchos años después de haber aprendido en inglés la palabra Spout). La mayoría de la gente que está España no entiende (o no quiere entender) que las posiciones y los títulos de trabajo van y vienen. Las acciones y las relaciones son las marcas del verdadero liderazgo, y son las marcas que duran para siempre.

Sin la gente nunca puede haber liderazgo. La gente es el corazón, alma y espíritu de cualquier organización. Sin gente no hay necesidad de líderes. Los líderes son por tanto responsables de ver a su gente utilizar sus activos y cualidades. Son los que son responsables de la próxima generación de liderazgo. Tienen que concentrarse en lo que la gente se puede convertir no en lo que son en el momento presente. La función del liderazgo es producir más líderes, no más seguidores.

El éxito es una decisión. Tu puedes convertirte en el líder de los lideres si te adhieres al principio de que el crecimiento y el desarrollo de la gente es la cualidad mas alta de liderazgo. Queremos españoles nativos, fluidos en inglés, que surjan como líderes en la arena mundial. En el campo de los negocios, deporte, investigación, innovación, caridad, y emprendedores entre otros muchos campos.

Tú decides si nos quieres seguir y ser un verdadero Spanish leader.

1.3. El ser excelente es la antítesis del cainita y del mediocre

Dentro de mi amplísima bibliografía (mayormente en inglés salvo algunas excepciones en español) verás una referencia al libro El Ser Excelente del catedrático mexicano Miguel Ángel Cornejo. Es un libro que leí hace muchos años y que me he leído 2 veces. El Profesor Cornejo es un prestigiado conferencista que ha convocado a miles de personas en conferencias en todo el mundo (España incluida) para escuchar sus conceptos de la Excelencia del ser humano.

Probando que creer en supersticiones es de un ser mediocre (y utilizarlas a toro pasado de cainita) el libro de Cornejo te da los 13 retos de la excelencia. No voy a parafrasear a Cornejo porque te reto a que compres su libro y como español vuelvas a nacer mentalmente aprendiendo de un mexicano. Pero si te digo que en jerga española (me refiero de España en Europa donde se habla un castellano mucho peor que en muchos países de la América Latina, y se discute a todas horas con malos modos), Cornejo viene a decir que el Ser Excelente es:

1. El que hace las cosas y no busca excusas para no hacerlas
2. El que produce oportunidades para alcanzar el éxito
3. El que con una férrea disciplina forja un carácter de triunfador
4. El que se traza un plan y logra los objetivos sin importar circunstancias
5. El que dice en alto que se equivocó y propone no cometer el mismo error
6. El que se levanta con superación cada vez que se cae con un fracaso
7. El que desarrolla plenamente sus potencialidades
8. El que alcanza la realización trabajando diariamente (fines de semana incluidos)
9. El que crea algo: sea empresa, sistema, vida u otras cosas
10. El que es responsable de sus propias acciones libres
11. El que actúa contra la pobreza, la calumnia y la injusticia
12. El que eleva su espíritu y sueña con lograr lo que parece imposible
13. El que trasciende a nuestro tiempo legando a las futuras generaciones un mundo mejor

A sensu contrario Cornejo también hace un comentario sobre aquellos que se transforman los viernes para vivir plenamente el sábado y el domingo por la noche empiezan a morirse nuevamente, y el lunes van como zombis a la oficina arrastrando la cabeza deseando que vuelva a ser viernes por la tarde para reiniciar su transformación.

Para mí ese es el ser español cainita y mediocre hoy en día. Como verás en sucesivos capítulos tras comprar el dominio spanishleadership.com fundé un grupo del mismo nombre en la red de profesionales www.linkedin.com. Ahí tengo buenos amigos y asociados. Pero desgraciadamente abundan los quejicas, llorones y cainitas. Recibo desde finales del 2008 docenas de E-Mails (cuando no llamadas) diciendo "Jorge colócame, búscame algo fuera de España o en España". Esto me hace pensar que un ingeniero maño en Madrid que habla inglés, español y alemán mejor que yo tiene razón cuando habla de los paralelismos entre España y la India por el sistema de castas. No te ofendas. Es verdad esta observación. En EE.UU, Reino Unido, Alemania u Holanda lo de las castas no se tolera. En España ser hijo de es todavía un factor. Nunca saldremos adelante como país por esto (entre otras muchas cosas). Y digo salir adelante para ser el primer país de la tierra.

Ha sido esta actitud de unos cuantos no excelentes la que me ha llevado a escribir este libro. Spanish Leadership no está ligado al Mundial 2010. Ya tenemos líderes consagrados como Pau Gasol, Rafa Nadal, Feliciano López, Emilio Sánchez Vicario, Lolo Sainz (te recomiendo su web aprendedeldeporte.com), Alberto Contador, Fernando Alonso, Iker Casillas, Fernando Torres, Xavi Hernández, Carles Puyol, Dani Güiza, Pepe Reina, Andrés Iniesta, Marcos Senna (lo cito como mejor jugador español en la Eurocopa para mi gusto y por ser el fundador de una fundación con su nombre contra el hambre y la pobreza, lo cual evidencia la excelencia a la que se refiere Miguel Angel Cornejo) y tantos otros.

Si sigues quejándote, lloriqueando nunca llegarás a la excelencia de liderazgo.

2. LinkedIn crecimiento espectacular

Abajo se encuentran una serie de informaciones de Internet lo largo del período de 1 año y pico que confirman que LinkedIn sencillamente tiene un crecimiento espectacular. Veáse que estas informaciones empiezan en Octubre 2008. Hoy tras haber hecho el research me acuerdo de un proceso de liderazgo que dice que las casualidades no existen. No es casual que en Octubre 2008 tuviese la idea de Spanish Leadership, que fundase un grupo en LinkediN, que tengamos una web y que la research empiece con esa fecha. Ahora me doy cuenta yo mismo cuando escribo estas líneas en Abril 2010.

A diferencia de Facebook o Twitter, LinkedIn es un sitio de la red profesional. Por tanto, es un sitio serio porque incluye a todas las empresas líderes americanas del Fortune 500 más todas las europeas empezando por alemanas como SAP, Adidas o Daimler-Benz Mercedes. La media de edad de LinkedIn es un usuario de 41 años ejecutivo de ahí la seriedad de la misma. Te animo desde ya a que pruebes tu excelencia en LinkedIn como Spanish Leader. Te desdigo desde ya si vas a empezar con mentiras, recomendaciones fabricadas fuera de la empresa en la que trabajaste o cualquier otro artilugio muy paleto.

2.1. Octubre 2008: El crecimiento durante la recesión de LinkedIn es más rápido que otros sitios profesionales

Gigom lo predijo. Parece que 2008 es el año de LinkedIn, que es, sin ninguna sorpresa, una de la pocas compañías que han experimentado un crecimiento significativo desde que se aceleró la recesión en Septiembre. Lo que resulta sorprendente es que el tráfico de esta red profesional ha crecido de forma exponencial más que otros sitios en ese período (fíjese el lector que ya estamos en 2010 y ese crecimiento exponencial expertos españoles como Juanma Roca, autor del recomendable libro Revolución LinkedIn que servidor no se ha leído al estar en Alemania, dicen en Abril 2010 que es un crecimiento a la enésima potencia)

Linkedin ha obtenido un crecimiento del 25% por ciento de sus miembros desde Septiembre. Ha habido un incremento del 15% de las invitaciones LinkedIn en los últimos 2 meses y un incremento del 14% en el número de recomendaciones de los miembros. LinkedIn tiene 30 millones de usuarios a nivel en este momento añade 1 millón de usuarios cada 2 semanas.

Los miembros de Linkedin seguramente responderán de forma positiva a la introducción de aplicaciones al sitio. Amazon Reading List, Box.net Files, Six Apart's Blog Link, Slideshare Presentations, Trip It's My Travel, Google Presentation, and Huddle Workspaces han sido añadidas este mes

Otros sitios profesionales populares, mientras han mostrado crecimiento durante los últimos meses, no ha experimentado el gran crecimiento de LinkedIn.. Las visitas a Simply Hired han crecido un 11% desde Agosto; el sitio muestra una tendencia de crecimiento durante todo el año. Sin embargo, el tráfico de Monster ha permanecido relativamente estable en este período. Careerbuilder ha experimentado un crecimiento significativo desde mediados de Agosto pero solo de un 4% en los últimos 3 meses;

15

Monster tuvo una pequeña subida desde Septiembre y solo ha crecido un 2% en los últimos 2 meses.

2.2 Febrero 2009: Según empeora la economía, la popularidad de LinkedIn aumenta

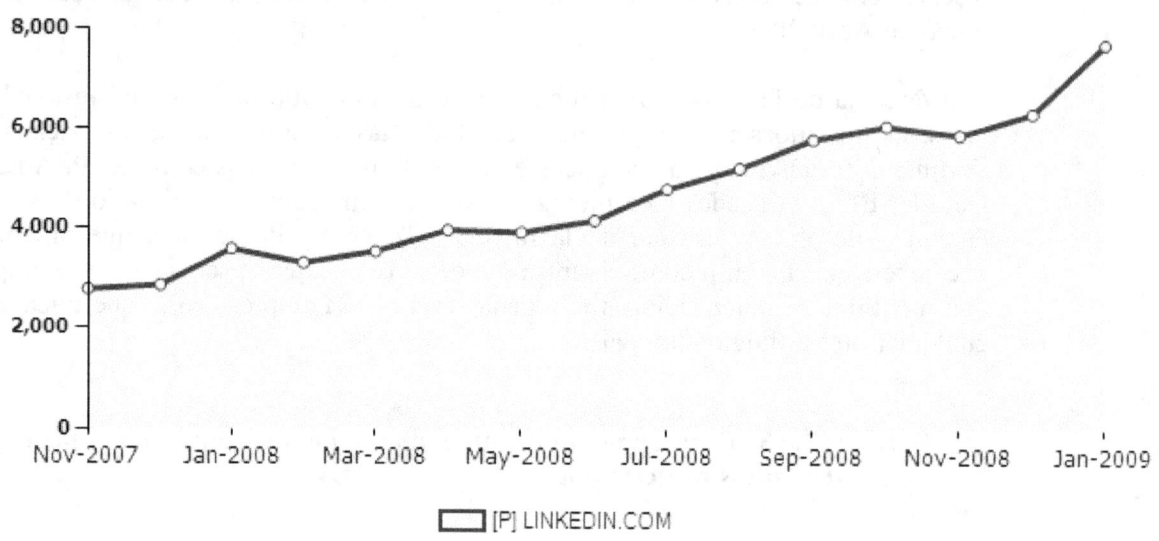

Total Unique Visitors (000)

Como los despidos continuaban golpeando a la economía americana y mundial en Enero 2009, unos de los beneficiarios fue la red profesional LinkedIn (fíjese el lector que esto es en Enero 2009 y a día de hoy a lo mejor hay una auto triplicación). Según los datos de comScore, el número de visitantes únicos en los EEUU a LinkedIn se disparó un 22% a 7,7 millones, con una subida de los 6,3 millones de Diciembre. El número del total de minutos permanecidos en el sitio *se dobló* en Enero a 96,8 millones, desde los 47,6 millones de Diciembre (fíjese el lector que esto es crucial para entender que una cosa es tener una cuenta LinkedIN y otra cosa es estar LinkedIn)

En parte, el impulso de esta actividad es gente buscando trabajo y ayudar a los amigos sin trabajo. Las recomendaciones han subido un 65% desde Diciembre, según el portavoz Kay Luo. La búsqueda mejorada de personas, que introdujo al final de Noviembre, también genera mucha actividad en el sitio. La compañía está viendo un incremento de la actividad del 50% en la nueva plataforma.

Cuando los tiempos son duros, networking es una habilidad de supervivencia.

2.3   Febrero 2009: LinkedIn continúa su expansión europea con su presentación en Alemania

LinkedIn continúa saltándose la tendencia de los negocios durante la recesión de reducir su tamaño al expandir, con el lanzamiento de un sitio dedicado para Alemania. Este servicio serán malas noticias para Xing, la red líder de negocios y social en Alemania y gran parte de Europa pero LinkedIn, dirigida por el director gerente para la UE **Kevin Eyres** en Londres, está entrando de forma agresiva en el continente.

Los sitios para **España** y Francia han visto un crecimiento significativo después de su lanzamiento el año pasado: España añadió 200,000 usuarios en dos meses y Francia superó los 700,000, y LinkedIn tiene como objetivo incrementar la base de usuarios de 500,000 en Alemania. De ellos, el 80% se conectan desde fuera de Alemania usando el Inglés, pero Eyres dijo que la introducción de un servicio con enfoque local generará más actividad interna.

"Los miembros en Alemania usan sus perfiles para negocios internacionales", dijo, "es un grupo muy auto-selectivo".

"El 2009 estará mucho más enfocado a la competencia internacional y estaremos atentos a lanzar más sitios locales en otros grandes mercados. La expansión en vital para lo que estamos haciendo por muchas razones, pero principalmente por la naturaleza global de la economía".

Este es el cuarto sitio enfocado a un país, que es distinto de una traducción del idioma, de los cuales ya hay 41. Los perfiles de usuario sigue apareciendo en el idioma en que fueron escritos al principio, pero la apariencia del sitio se realiza en aquel idioma que el usuario elija por defecto.

LinkedIn también ha dicho que de sus 9 millones de usuarios europeos , el 30% son de los sectores de TI, marketing, publicidad y finanzas. Tanto Finanzas como Banca han visto incrementos de hasta un 42 % como resultado de la crisis de crédito ya que los miembros intentan subir su perfil y encontrar un nuevo trabajo por medio del sitio y la actividad en el sector de reclutamiento en el Reino Unido asimismo subió un 40% en los últimos meses de 2008.

LinkedIn puede presumir de tener muchos miembros de alto nivel, incluyendo a **Bill Gates** y **Richard Branson**, pero el ganador es el perfil perfecto de **Barack Obama**. No es que esté buscando trabajo....pero su perfil como Presidente es aún mejor

Perfil de Barack Obama's en el sitio profesional de networking LinkedIn.com

Como puedes ver uno de los diarios lideres británicos (http://www.guardian.co.uk/media/pda/2009/feb/04/socialnetworking-web20) no dudó en:

a) copiar y publicar un perfil interno de LinkedIN
b) hacerlo en el momento del lanzamiento de la versión alemana de LInkedIN

Luego es completamente lógico que al estar LinkedIn en todos los idiomas sea la herramienta. Es irrelevante que otras empresas fuesen más grandes antes. Como tú puedes poner tu perfil profesional en tantos idiomas como los que tú quieres (yo lo puedo hacer en inglés, alemán, español e italiano) obviamente cualquier herramienta global es la que lidera y prevalece en una economía global de mercado.

¿Por tanto porque te estás quejando todos los días?

Un principio de liderazgo es que el éxito consiste en no reinventar el volante. Haz tu perfil en Español, en inglés, en alemán en francés y amplía tu red profesional.

A mí la entrada de LinkedIn en Alemania y la actitud de Xing me recuerda cierto paralelismo a la de Adidas cuando Nike entró en Europa. Estando en Sao Paulo, Brasil, en 1995, justo cuando íbamos a sacar la empresa a bolsa, casi se me cae la cara de vergüenza de ver un póster de Adidas, de un equipo de Rugby, bajándose los pantalones y diciendo "Adidas welcomes Nike to Europe". Hoy mira quién es el líder mundial. Y mira también que una empresa china de nombre Li Ning, fundada por un ex – deportista olímpico chino, ha sobrepasado a Adidas en el mercado chino. Cuando yo estuve allí el outsourcing de Asia y la oficina de Hong-Kohn fue la gallina de los huevos de oro de esta empresa alemana. Hoy le ganan los chinos. Liderazgo.

2.4   Noviembre 2009: La recesión impulsa el número de miembros de LinkedIn en el Reino Unido a superar los 3 millones

Como prueba del viejo dicho el río revuelto y el beneficio de los pescadores, el sitio de networking profesional a revelado que el número de miembros en el Reino Unido ha llegado a los 3 millones, ya que los despidos y las reducidas posibilidades de nuevas oportunidades de negocios dirigen a las personas al sitio.

Este indicador sigue a las noticias previas en el año de que el número de miembros a nivel global del sitio, cuyo enfoque es enlazar a las personas en base a sus conexiones de negocios, había superado los 50 millones.

La compañía no divulgó ningún detalle de cuantas persona se han abonado al servicio premio.

Mientras el pánico sobre la seguridad del puesto de trabajo puede ser uno de los factores que impulsan el crecimiento de LinkedIn en 2009, el Director Gerente europeo del sitio, Kevin Eyres, le da a este éxito una perspectiva más positiva.

Eyres escribió en el blog de LinkedIn: "No se debe a la gama de funciones que ofrecemos, la velocidad al que innovamos o el número de idiomas en que está disponible. Se debe a sus miembros y la mezcla de conocimiento, experiencia, sabiduría y la actitud positiva y colaborativa que aportan".

No importa la situación del mercado laboral en 2010, el sitio parece estar destinado a un crecimiento continuado al haber firmado acuerdos de colaboración con Microsoft y Twitter recientemente.

El acuerdo con Twitter significa que miembros de ambos sitios pueden tener sus actualizaciones de Twitter aparecer en sus perfiles de LinkedIn.

Microsoft tiene planeado integrar Twitter en su próxima versión de su programa de correo electrónico Microsoft Outlook 2010. Cierto es que esto ya se ha hecho en 2010 pero a día de hoy (Abril 2010) sigo teniendo reservas en cuanto al hecho de que el usuario no puede manejar un producto beta de la noche a la mañana.

2.5   Febrero 2010: Linkedin rompe la barrera de los 60 millones de usuarios

LinkedIn supera los 60 millones de usuarios: 5 millones más tan solo en los últimos 2 meses. LinkedIn anunció en su cuenta oficial de Twitter que la compañía acaba de registrar al usuario número 60 millones, un usuario de Groningen en los Países Bajos.

La red social, enfocada sobre tu vida profesional en lugar de tu vida personal, ha incrementado últimamente su velocidad de crecimiento, añadiendo más de 5 millones de personas en menos de 2 meses. En diciembre, el sitio anunció que ya tenía 55 millones de miembros, la mitad de los cuales están fuera de los EEUU.

Para gestionar este crecimiento, la compañía ha reclutado de forma agresiva, abriendo nuevas oficinas en los Países Bajos y en la India. En Noviembre, el sitio presentó un nuevo diseño, y en diciembre actualizó su aplicación para iPhone , con la esperanza de aumentar el número de personas accediendo al sitio a través de sus dispositivos móviles. Y ahora ya hay también aplicación para Blackberry.

2.6   Mazo 2010: Usuarios alemanes llegan al primer millón en LinkedIN.

En Marzo 2010 hemos sabido que LinkedIn ya tiene el millón de usuarios alemanes. Cuando yo abrí cuenta en inglés en la zona de Francfort eramos cuatro y el tambor. Yo no veo limite al poder de LinkedIN como gigante del network online. Sin embargo, muchos usuarios alemanes aún lo discutirían porque están en otra web en alemán . Esto ocurre porque no entienden el poder de duplicación.

Si les preguntas que es mejor ¿Aceptar un millón de Euros a 1 de Abril o 1 céntimo duplicándose solo por 30 días hasta el 30 de Abril? se quedarían con el millón.

Si haces los cálculos tú mismo encontrarás la respuesta. Introduce tú mismo 0.01 céntimo duplicándose cada día y verás cuánto dinero perderías el 30 de Abril porque ignoraste la duplicación. Este dato viene de un profesional residente en Frankfurt que me dijo: "No me des dos opciones, dime cuánto dinero perdería al llegar al 30 de Abril."

Estoy seguro que no hay ningún mediocre que me hubiese dado esa respuesta.

2.7   Abril 2010: Sin leer nada en Internet, veo que Linkedin pasa 65 millones de usuarios

A finales de Marzo 2010, tomé una muestra de cuantos CEO alemanes tenía en un radio de 100 millas de mi zona de residencia cerca de Fráncfort. Y me salieron 2911 CEOs. De ahí estratifique a 10 millas (15 kilómetros) para empezar a contactarlos y me salieron 220 CEOs. Para la primera semana de Abril ya me salían 252 CEOs como "current job" (o sea ocupación actual). Bueno pues sí haces las matemáticas 252/ 220 salen un incremento 14.54%. Es decir un 15% en unas semanas. No veo límite a LInkedIn y por tanto no acepto que tú español no seas un ser excelente. Porque puedes serlo.

Si no me crees entonces cree a Kevin Eyres, CEO Europa de LinkedIn. Mientras toda España esta leyendo la prensa deportiva un 11 Abril 2010 para leer lo que todos hemos visto el día anterior(el clásico Madrid-Barcelona) otros nos enteramos vía nuestra red de la entrevista de Kevin en La Vanguardia de Barcelona. Kevin da unos datos, que como verás en sucesivos capítulos, no me sorprenden porque ya lo hemos visto en Webinars de centro Europa. En resumidas cuentas esto dice Kevin:

- LinkedIn crece con un nuevo usuario al segundo;
- LinkedIn crece con 1 millón de usuarios nuevos cada 10-12 días;
- LinkedIn tiene un potencial de casi 500 millones de personas

Y si tú crees, querido lector, que me estoy apoyando en una entrevista a Kevin en España déjame decirte que te equivocas. Como me equivoqué yo en su momento tal y como te explico en el capítulo 3. Y cómo me sigo equivocando. Cuando antes me refería a los 2911 CEOs no es que haya sido un experto. Porque he tardado 4 semanas en darme cuenta que además de los 2911 tengo 14.252 propietarios y fundadores de empresas en el mismo radio de 100 millas.

Pero ¿sabes que pienso al ver que debería haber empezado con propietario y fundadores de empresas? Qué es muy bueno que me equivocase. En frase de Sochiro Honda, El éxito es 99% fracaso. Y en anuncio de la corporación Nike, Michael Jordan, explica que ha fallado un sinfín de canastas, tiros libres, pases etc...para acabar diciendo "Fallé, y continuo haciéndolo, por eso es por lo que tengo éxito".

3. Jan Vermeiren lo confirma: Linked-in es networking

Si antes me he referido a los cainitas y a los mediocres no pretendía ofenderte. Del blog de Don Santiago Bernabéu (http://donsantiagobernabeu.blogspot.com) he aprendido de un funcionario malagueño esta frase "Los españoles son vagos de por sí. Y yo que no soy ni madridista ni culé (tan solo del España Futbol Club) te digo que tiene razón. Mira mi propia vagancia en este capítulo número 3.

3.1 Septiembre 2009: Un correo de un coach de networking que ignoré durante 4 meses

Aún no me lo explico pero en 2009 debí conectar en LinkedIn (ni siquiera me acuerdo cuando) con Jan Vermeiren. Jan, dueño del grupo de LinkedIn Global Networking, me envió este correo. Lo reproduzco en inglés porque no hay problemas de copyright la versión del libro en inglés es gratis. Luego recomiendo comprárselo, suscribirse a ellos (pagando 97 Euros al año) y aplicarlo.

Networking Coach Team   show details 9/24/09
  to me
  from   Networking Coach Team
reply-to
To   Jorge Zuazola   hide details 9/24/09
date   Thu, Sep 24, 2009 at 10:24 PM
subject Light version of How to REALLY use LinkedIn

Dear Jorge,

thanks for requesting the light version of "How to REALLY use LinkedIn". You can download it at: http://www.how-to-really-use-linkedin.com/How-to-REALLY-use-linkedin-EN-light-version.pdf (2 MB so please be patient if you have a slow Internet connection)

Enjoy !

Jan
Jan Vermeiren
Founder of Networking Coach

www.networking-coach.com
- Get your light version of the book "How to REALLY use LinkedIn" at www.how-to-really-use-linkedin.com
- Get your light version of the book "Let's Connect!" at www.letsconnectbook.com
- Listen to 8 of the 30 tips of the CD Let's Connect at an event at: www.networking-coach.com/en-boek-CD.html

----
Networking Coach
Belgium

No hice nada con el libro durante 4 meses. Ya que Jan estaba en Bélgica, se lo reenvié a un headhunter Belga que me llamó en diciembre 2009 justo antes de Navidad como todos los headhunters en este momento, ella se sentía pérdida sobre como encontrar oportunidades para ejecutivos de 6 cifras como yo. Ella era nueva en su rol y había estado viajando durante unos meses. Pareces ser que la habían despedido de otro headhunter anterior. Las firmas de headhunting o están desapareciendo o se ven inmersas en procesos de fusión. Compartí con ella este correo de un reclutador interno en una conocida multinacional americana que me escribe desde Holanda en respuesta a mi nota de liderazgo (leadership note en inglés)

from
To
date   Tue, Dec 2, 2009 at 9:33 AM   hide details 12/2/09
subject RE: Leadership note /Working for xxxx

Estimado Jorge

Desafortunadamente el Mercado esta muy duro en este momento y tenemos también una congelación de plantilla en nuestra empresa y solo reemplazamos posiciones de negocio criticas. No veo el mercado mejorando en el futuro inmediato y hablando con colegas de la industria todos esta pasando las mismas dificultades Empresas competidoras reciben 500 CV al día. Tu nota de liderazgo está bien y te aconsejo que sigas abriendo conexiones como la mía en LinkedIn porque serán beneficiosas en el futuro.

Espero que esto te ayude

Saludos cordiales,

La headhunter pensó que mi forma de networking era excelente. A cambio le pedí que hiciera algo por mí. Imprimir la versión reducida del libro de Jan Vermeiren. **Este es el nivel de vaguería que tenía. Me llevó 4 meses el pensar en leerlo. Y le tuve que pedir a una persona que lo imprimiera y me lo enviase por correo de Bélgica a Alemania. Fíjate si fui vago: tuve que pedir a alguien de otro país que me enviase mi regalo de 2010 porque en 4 meses fui incapaz de imprimirlo.**

Pero fíjate que mi vagancia no es única. La headhunter me escribe en Febrero 2010 para decirme que se ha cambiado de empresa porque la anterior no colmaba sus expectativas. Que va a ser verdad. Que no hay negocio con los headhunters. Y fíjate si ella fue vaga que no se conectó, estando en Bélgica, a la webinar de Jan Vermeiren en la propia Bélgica, de 16 de Marzo 2010. Lo cual significa que para hacer "headhunting" en su propio país lo hago yo mejor, se cómo buscar todo tipo de puestos en cualquier parte del mundo. Porque como dice mi maño sabio el volvió a crecer como hombre en aquella webinar.

Si crees que exagero mira lo que sucede cuando lees libros de calidad (estoy seguro que la headhunter ni se lo ha leído y que probablemente lo imprimió para engatusarme como cliente, se lo agradezco).

3.2   Enero 2010: El libro de Jan Vermeiren me abre los ojos

En Enero de 2010 preparé mi lista de compromisos de Año Nuevo. Uno de ellos, obviamente, es potenciar mis habilidades de liderazgo leyendo libros de alta calidad. Me he puesto el objetivo de 36 para este año (3 al mes) y ya voy por el décimo al comienzo de Abril. Por eso empecé a leer el libro de 71 páginas de Jan Vermeiren.

Cuando terminé de leerlo me sentí culpable por dos razones:

a) No había conectado lo suficiente con altos Ejecutivos y reclutadores internos de compañías líderes porque no seguía todas las recomendaciones de **Jan al pie de la letra**.

b) Olvidé el hecho de que yo sabía todo sobre networking. Esta frase de Jan me abrió los ojos

" Durante los últimos años mi equipo en Networking Coach (www.networking-coach.com) había recibido un flujo creciente de preguntas de los participantes a nuestros cursos de formación o asistentes a nuestras presentaciones sobre cual es el valor de las redes de negocios online y como gestionarlas. Sobre todo de LinkedIn. Y en particular sobre LinkedIn. Mucha gente expresaba su resistencia y eran escépticos sobre este nueva forma de interacción, pero como muchas otras cosas en la vida era más el « **miedo a lo desconocido »**. En cuanto expliqué y les mostré como ellos también podrían beneficiarse de ello y como podrían empezar a usarlo inmediatamente, algunos se convirtieron en usuarios a fondo de LinkedIn. "

3.3 No existe el miedo

Estoy totalmente de acuerdo con la valoración hecha por Jan. Lo único que puedo añadir a la valoración de Jan es que el miedo (FEAR) no existe porque el miedo (FEAR) es

False = Falsa
Evidence = Evidencia
Accepted as = Aceptada como
Real = Real

Mi historia le convencerá de que el miedo no existe. Y una ve superado el factor desconocido se dará cuenta de la tremenda oportunidad que tiene delante. Lo único que debe hacer es ser un poco más listo que yo porque ignoré el valor de LinkedIn e do ocasiones.

En 2003, siendo el director de Auditoria de una firma de consultoría tecnológica que cotizaba en Nasdaq, oí que un antiguo ejecutivo de Silicom Valley había fundado LinkedIn. Lo ignoré. Echando la vista atrás, fue un grave error. El hecho es el siguiente: si no lo hubiera ignorado ahora mismo mi red sería superior a 10,000 en lugar de 1,700. Estaba trabajando con CEO's y miembros de Consejos de Administración en los EEUU, y si embargo estaba tan ocupado que no me dí cuenta de una fantástica oportunidad.

En 2005 pude dar crédito de que el ser humano es el único que tropieza dos veces sobre la misma piedra. Había vuelto a Europa y un buen amigo de Dinamarca me habló de LinkedIn. Pero no le dejé terminar la frase. Yo estaba en un puesto como

VP de Auditoria (Head of es la terminología en el Reino Unido) de una firma que cotizaba en NYSE y no estaba como para escuchar acerca de un sitio web para conectarme con antiguos colegas de los EEUU.

Hacia el final de 2007, estaba realizando una búsqueda en Google sobre un tema de compañía cotizadas. Para mi sorpresa la persona que era una experta sobre este tema era una mujer en Europa que también tenía experiencia en los EEUU. Su apellido comienza con la misma letra que el mío y era del mismo lugar de origen. Entonces cliquee cu perfil en LinkedIn. Me dije a mi mismo "si esta mujer está en ese sitio, tiene que ser bueno". No lo conocía pero el hecho de que tenía la misma nacionalidad, apellido similar y perfil similar me convenció. Esto demuestra lo estúpido que era, en este caso, era tan escéptico que hasta que un nombre que me resultaba familiar apareció, no abrí una cuenta en LinkedIn.

En 2009, debido a la recesión, empecé darme cuenta del valor de LinkedIn. Dicho de otra forma, me pasé otros 2 años ignorando a LinkedIn. Espero que sea más listo que yo y arranques, titán. Te puedo decir que en 2010 todo lo que estoy viendo de iniciativas de empresa va vía LinkedIN.

3.4 Consejo sobre encontrar puestos Ejecutivos: Networking Social de Ejecutivos Online

Jason Lee que dirige JobConcierge (que ofrece búsqueda automatizada de trabajo – gente real realiza búsquedas en 300 sitios web de trabajo y realizan las aplicaciones a los puestos ofertados encargándose de forma completa de tu búsqueda de trabajo online, el sitio es conocido por los mejores trabajos para 2010) escribió en enero 2010 lo siguiente:

"Tengo una sugerencia que me gustaría compartir con todos, desde los recién licenciados a ejecutivos que ganan más de $ 100,000, es usar social media e iniciar una búsqueda proactiva de trabajo. A lo largo del año pasado la industria recursos humanos ha cambiado de forma dramática. Publicar anuncios en sitios de Internet o contratar headhunters está siendo reemplazado por buscar los perfiles de candidatos en LinkedIn y realizar online sus propias comprobaciones. Si aún no lo has hecho debes crear su cuenta en LinkedIn y Twitter y dedicar un poco de tiempo. En los tiempos competitivos que vivimos, la regla básica es crecer o te quedarás atrás.

Una forma de extender su marca personal es que se una y participe en discusiones en FaceBook y LinkedIn. LinkedIn tiene secciones de Preguntas y Respuestas y ambos sitios tienen grupos especializados. Participe en discusiones y deje su firma con su email al final de su mensaje con otra información de social media para que la gente que ha disfrutado con sus posts y los headhunters que surcan la red puedan añadirle y conectar con ti La única forma es por medio de consistencia y la sinceridad. La mejor forma de comenzar es el jobconcierge en FaceBook si aún no empezado. Mucha gente lo deja, frustrada. Pero la gente que obtiene éxito son los que dedican tiempo a esto de forma semanal o mensual.

Integrar el networking social con las aplicaciones de trabajos es la segunda fase para diferenciar sus aplicaciones a puestos de trabajo. La búsqueda en los sitios de trabajos es muy cansado, requiere mucho tiempo y es un trabajo en sí mismo. La mejor forma de empezar son los sitios de trabajo que ocupan un nicho. Si quiere el éxito y quiere maximizar las posibilidades de éxito, esto es imprescindible. Cuando realiza la búsqueda online de trabajo y empieza a ver uniones que son relevantes a su búsqueda, mentalmente empieza a clasificar los trabajos en las siguientes categorías: (1) el trabajo ideal o (2) dispuesto a trabajar ahí. El aplicar a trabajos es un juego en sí mismo, si aplica más, más son las posibilidades de conseguir una entrevista. El servicio JobConcierge realmente ayuda ya que le asignan un reclutador de RRH que realiza búsquedas manuales en más de 300 sitios para encontrar los trabajos más adecuados y realiza la aplicación. Lo que funciona es el servicio de búsqueda ejecutiva.

Hay una caja de búsqueda en LinkedIn en la esquina superior derecha donde la búsqueda se puede centrar por compañía en LinkedIn. Aplique a la primera (el trabajo ideal) categoría si ve cualquiera de los trabajos online. Conecte con los miembros que sean conexiones de 1º o 2º grado que trabajen allí. El punto común se puede hallar al unirse a grupos de interés, si no hay ninguna relación. Para averiguar más sobre la compañía recomendamos enviar mensajes y preguntarles por teléfono. Se sorprenderá de cuanta gente está dispuesta a ayudar. De como vaya la conversación dependerá de si puede averiguar si tienen información sobre el puesto, si tienen un contacto de RRH en esa división o lo mejor es enviar su curriculum con una recomendación. Se sorprenderá del éxito de esta estrategia en dar su nombre a conocer y finamente, la entrevista y el puesto.

Piense estratégicamente y lleve las cosas un paso más adelante. En los últimos 7 días 2 miembros de Jobconcierge me han dado las gracias y me han dicho que han recibido ofertas de trabajo. ¿Cómo lo consiguieron? No es un milagro. Jobconcierge se encargó de la búsqueda de trabajo online cada semana, encontrando trabajos de acuerdo a sus perfiles. Ellos buscaron y conectaron con personas en LinkedIn para su trabajo ideal. Su Jobconcierge rellenó y aplicó para los demás puestos. La búsqueda de trabajo es un trabajo en sí. Esto quiere decir que debes utilizar tu tiempo de la forma más eficiente y maximizar tus resultados. Una persona que busca trabajo dedica una media de 50 horas al mes sin obtener resultados. Si clasifica los trabajos encontrados online, inicia una búsqueda proactiva de trabajo y conectando con varios conexiones en LinkedIn puede llevar las cosas un paso más allá. Se sorprenderá hasta donde puede llegar."

Estoy totalmente de acuerdo con la valoración de Jason. **En esta era competitiva la regla básica es crecer o se quedará atrás. Se sorprenderá hasta dónde puede llegar.**

La razón por la cual estoy de acuerdo con Jason es que Bill Gates ya escribió sobre ello en los 90. Una década después, Bill fue uno de los primeros en estar LinkedIn. Ahora pone en su perfil de LinkedIn "retired". Claro el ya hizo los deberes.

4   Bill Gates predijo el nacimiento del e-networking: un negocio de ensueño

No sé si conocerás con dos libros de Bill Gates. Son las biblias de la era tecnológica. Estos son:

- Business @ the Speed of Thought (Negocios a la velocidad del Pensamiento) ; y
- Business @ the Speed of Light (Negocios a la Velocidad de la Luz).

Si no los conoce s(y no los has leído), te aconsejo que los leas. Obtendrás enormes beneficios.

En Business @ the Speed of Light Bill Gates afirmó " **Las compañías inteligentes combinarán servicios de Internet y el contacto personal en programas que darán a sus clientes el beneficio de ambos tipos de interacción.**".

Por eso no sorprende ver en la prensa (me refiero al punto 1.3 anterior) de que Bill Gates es LinkedIn. Esto es porque LinkedIn es una compañía inteligente que combina servicios de Internet con el contacto personal por medio de un programa de networking.

¿Por qué cree que Bill Gates (que abandonó Harvard en 1975) tuvo éxito con Microsoft y acertó en su predicción sobre compañías inteligentes tales como LinkedIn?

Desde luego, no es que sea más listo que tú o yo. Simplemente, porque piensa de forma no-convencional. En sus días iniciales como fundador de Microsoft se acercó a IBM buscando asociarse. IBM le rechazó. He oído directamente la historia de un antiguo alto ejecutivo de IBM en los EEUU. Trabajé para esa persona en uno de los puestos antes mencionados en EE.UU.

El hecho es que **Bill Gates piensa de forma no-convencional.** Debemos aprender de él. Cuando pensamos de forma no convencional, nos libera para ser mucho más creativos en nuestro enfoque para solucionar problemas. En lugar de aceptar **lo que es,** empezamos a pensar en **lo que puede ser.** El resultado suele ser una nueva y mejor forma de trabajar y/o vivir. La reacción entre el comercio electrónico y network marketing es un ejemplo perfecto de como pensar de forma no-convencional.

El comercio electrónico es una forma de negocios. El Network marketing es un negocio de ensueño. Si funcionan fantásticamente bien por separado, piense de forma no-convencional lo que pueden hacer juntos. Aplicando unos cálculos simples, la ecuación es como sigue:

comercio electrónico + network marketing = e-networking

Una vez más el concepto creado por Bill Gates acierta de pleno, esto es, una compañía inteligente (LinkedIn) que tiene éxito gracias al networking.

El problema que tenemos tu y yo es que estamos 11 años por detrás de Bill Gates. Déjeme que se lo demuestre. En 1999 publicó su primer libro. En esos tiempos las estadísticas ya mostraban que el e-networking era la clave porque:

- la radio tardó 38 años en llegar a 50 millones de oyentes a nivel mundial
- La televisión tardó 13 años en llegar a los 50 millones de espectadores a nivel mundial
- Internet tardó solo 4 años en llegar a los 50 millones de usuarios.

Después de 11 años, no tengo ni idea de cuantos usuarios de Internet hay en el mundo. Tu lo sabes? Seguro que no. No importa. Jan Vermeiren escribe en su libro que tampoco sabe cuantos usuarios hay en LinkedIn. Pero tiene una pregunta de impacto **" LinkedIn: ¿Qué es y como me puedo beneficiar de ello?"**

Jan dice "Dado que como has comprado este libro, es casi seguro de que tienes un perfil en LinkedIn y has tenido las primeras experiencias con esta plataforma de negocios networking. O que seas un usuario habitual de LinkedIn y quieres sacarle más provecho. En cualquier caso, sería bueno tomarse un momento para ver que es y no es LinkedIn, cual es el beneficio singular más importante de LinkedIn y como puede mejorar su vida 8y negocio también.

En el momento de escribir este informe (Diciembre 2008) **LinkedIn es la red de negocios más grade del mundo** con más de 32 millones de usuarios y creciendo rápidamente (el año pasado LinkedIn creció de 19 millones de usuarios a 32 millones, y esto depende de cuando leas este libro ya que esta cifra puede haberse duplicado o triplicado de nuevo). Hay personas de todos los sectores e industrias con una enorme variedad de cargas y lo utilizando perfiles de alto nivel (por ejemplo, ejecutivos de todas las compañías del Fortune 500 son miembros).

Aunque algunas personas creen que es una herramienta de venta, para mí LinkedIn es una plataforma de networking: sirve para crear y mantener relaciones. El resultado de crear relaciones puede ser una venta pero también un nuevo trabajo, encontrar a un nuevo empleado, proveedor, socio o conocimiento"

La pregunta que te planteo es: Si Jan Vermeiren escribió lo anterior en Diciembre de 2008 y este libro te da información actualizada de lo que está pasando en LinkedIn en 2009 y 2010

Has pensado que el constante crecimiento de la red LinkedIN puede ser la llave que te ayude a conseguir tus objetivos financieros y los de tú empresa con un state-of- the-art network?

---

5. ERISA, 401ks (planes de jubilación) y el riesgo de un crash bursátil

Por si acaso te saltas la pregunta te haré otra aún más difícil

"¿Podrás jubilarte alguna vez ?"

Este pregunta salió en la portada de la edición de la revista TIME del 29 de Julio de 2002. Con la entonces reciente caída de la Bolsa y los escándalos en las corporaciones los ahorros de todo a la vida de millones de personas se deterioraron, a causa de sus planes de jubilación 401 (k).

2 días más tarde, el 31 d Julio de 2002, el Congreso d los EEUU, debido a la sucesión de escándalos corporativos tales como Enron, Tyco, etc. aprobó la Ley Sarbanes-Oxley. Aunque es una legislación fenomenal que ha impuesto algo de orden en e mundo corporativo, no ha sido suficiente par evitar la recesión 2008-2009.

El hecho es que aunque se tomaron medidas correctivas en 2002, unos 6 años después ocurrió la mayor recesión desde la II Guerra Mundial.

¿ Esto no te hace parar y pensar por un momento sobre tu futuro?

Si esto aún no lo hace, déjame compartir otra cosa contigo que quizás te obligue a pensar sobre tu futuro.

El 5 de Mayo de 2002, un artículo en el Washington Post con el título "Cambios en las pensiones suponen retos" ("Pension Changes Pose Challenges") comparó el enfoque a 3 de la ley ERISA de 1974

1. Seguridad Social
2. los ahorros del trabajador, y
3. un plan de pensiones con fondos destinados por la compañía para el plan de pensiones definido del trabajador

a un taburete de 3 patas.

" La última vez que lo vimos, la primera pata, la Seguridad Social, aún estaba en pie, aunque temblando ya que sus garantías van siendo reducidas poco a poco: unos ingresos con cargas fiscales en aumento, una edad de jubilación más elevada, fiscalización de algunos beneficios, etc, etc.

Todos los planes de ahorro con número y letra bendecidos por el Congreso – los 401 (k)s, 403 (b)s, IRAs, SEP-IRAs, Keoghs- tenían como finalidad potenciar la segunda pata, los ahorros del trabajador, necesarios para cubrir una jubilación cada vez más larga y cara. Los beneficios fiscales corporativos agregados a los planes de pensiones corporativos, en realidad compuestos por dinero del propio trabajador – han sido manipulados para aumentar o incluso reemplazar a la tercera pata del taburete. En lugar de premiar el ahorro de los empleados, han permitido a las compañías a abandonar o severamente limitar a los planes de pensiones tradicionales.

Todo esto quiere decir: Anda ¡mira!: ¡el taburete de 3 patas solo tiene 2 patas!

Si no has entendido lo anterior, debes considerar dos factores temporales:

a) El análisis del Washington Post también se realizó en el 2002, pero esto no fue algo que resolviera Sarbanes-Oxley cuando entro en vigor en Julio del 2002. De hecho, Sarbanes-Oxley, aunque es una ley positiva, no pudo evitar la recesión de 2008-2009, la mayor desde la II Guerra Mundial, y

b) ERISA significa Employee Retirement Income Security Act (Ley de Seguridad de Ingresos de Jubilación del Empleado). Es una ley que entró en vigor en 1974. Supuestamente, fue una ley que beneficiaba a los trabajadores ya que creó los planes 401k y que a su vez, dieron lugar a una nueva era de invertir en Bolsa.

Así que, como resultado de ERISA, las personas de repente fueron responsables de su propia planificación de jubilación, transfiriéndolo del empleador al empleado – que no dispone de la educación financiera necesaria para ayudarle a planificar con éxito. D repente, hubo miles de asesores financieros con poca formación educando a millones de personas. El problema es que la mayoría de estos empleados aún no se dan cuenta de que sus ingresos durante la jubilación depende totalmente del uso adecuado de sus contribuciones por los empleadores. Y se han cometido muchos abusos con los planes de jubilación. Incluso en compañías conocidas de primer nivel, los planes de pensiones están vacíos o con escasos fondos. Y en muchas ocasiones, una compañía compraba a otra no por el negocio, sino, porque quería el dinero de las jubilaciones. Algunas de estas compañías responsables tenían decenas de millones de dólares en sus fondos de jubilación y a veces esos fondos de dinero eran más valiosos que el negocio. Entonces, la compañía rapaz compraba la compañía y vaciaba el fondo de jubilación.

Así, mientras ERISA se aprobó como algo que beneficiaba a los empleados, de muchas formas beneficiaba a los empleadores. En muchos casos el coste de la jubilación fue transferido del empleador al empleado.

Y preguntarás, ¿no tiene la empresa que igualar la contribución del empleado?

La empresa podía hacerlo si su plan lo permite....pero la palabra clave es igualar. Dicho de otra forma, el importe en dólares que el empleador tenía que pagar se ha reducido significativamente. Esto es como tomar el coste de tu hipoteca y cortándolo por la mitad. ¿no te gustaría poder reducir tu hipoteca a la mitad?. Y encima, muchos empleados eligieron no contribuir nada, así que el empleador no tenía nada que igualar. Por esto, si un empleado no contribuye a su fondo de jubilación, el empleador no paga nada. El coste de jubilación de ese empleado ha bajado a cero. Y por esto es por lo que vamos a tener un problema: el problema de gente sin ahorros para la jubilación. Porque la gente que mete dinero en el mercado no son inversores.

Como ya sabes, muchos de tus empleados no pueden entender un estado financiero. Entonces, ¿cómo puedes invertir si no sabes leer un estado financiero? Dependían de los asesores financieros de escasa formación, que la mayoría no estarán cerca cuando se jubilen. El impacto resultante que inició ERISA no solo está dejando a millones de personas sin un plan de jubilación sino que además, les obliga a jugarse su futuro financiero en la Bolsa.... y todos sabemos que los mercados suben y los mercados bajan.

Las subidas y bajadas están bien siempre y cuando no haya un exceso de demanda de liquidez. Sin embargo, El fallo de ERISA es que tiene un mecanismo de retirada obligatorio. Este mecanismo causará problemas importantes hacía el 2016. En el año 2016 empiezan a jubilarse los baby boomers. En el año 2016 se estima que habrá 2,282,887 personas cumpliendo los 70 años en América En el año 2017, serán 2,929,818 personas cumpliendo los 70 años. Este salto, más de 5 millones de personas en total, se debe a los primeros baby boomers cumpliendo los 70. Esto puede darte una idea del efecto de esta generación de baby boomers tendrá sobre los planes de pensiones y los mercados. Será muy difícil que el mercado pueda subir si la gente tiene la obligación por ley de vender lo que tiene. Es similar a intentar llenar una bañera mientras se le hacen más y más agujeros.

Si a esto añades que lo empleadores no tienen obligación de igualar la contribución hecha por los empleados, la venta obligada generará una demanda de liquidez ya que muchos baby boomers se darán cuenta de que no existen fondos líquidos para sus ahorros.

Parte de la exuberancia irracional de los mercados en los 90 fue debido al mayor uso de los planes 401k por parte de los baby boomers. La idea de que millones de inversores sin experiencia entren de repente en los mercados provoca miedo en cualquier inversor veterano. Esta volatilidad extrema fue lo que convenció a Warren Buffet de mantenerse alejado de los stock-splits y los dividendos con las acciones de su compañía Brookshire Hathaway. Las provisiones de esta ley llevan de forma implícita la eliminación de acciones bursátiles de los planes de jubilación de los baby boomers, empezando a los 72 años, una provisión que permitirá al Gobierno Federal llevarse su parte de estos ahorros. Esto es un claro ejemplo de un gobierno metiendo su nariz donde nadie le llama. ¿Puedes imaginarte a millones de personas sacando dinero de los mercados financieros todos a la vez?

Esta ridícula ley has hecho que millones de norteamericanos sean dependientes de los mercados bursátiles para su jubilación, creando un mercado que ha demostrado que es tan volátil como grande. Solo hay que preguntar a los ex empleados de Enron o Worldcom si esto es una buena idea. Los padres de los baby boomers pudieron jubilarse con una relativa prosperidad y facilidad gracias a sus planes definidos de pensiones que obtuvieron. Esta misma generación ha convertido a Florida en un centro de jubilados, que quieren jugar al tenis y al golf todo el día. Dudo que la jubilación de los baby boomers y desde luego mi generación X sea tan confortable. Cuando la generación del baby boom comience a jubilarse y todo ese dinero sea retirado de los mercados, muchos baby boomers y generación X verán que el dinero que tenían sobre el papel no existe. No creo que necesites que te diga que hacer que la jubilación de los norteamericanos dependa de algo tan volátil como los mercados financieros es simplemente no tiene sentido. Esta ley se aprobó por una sol razón y era para liberar a las compañías norteamericanas de la obligación de preocuparse de la jubilación de sus empleados, y de inflar de forma artificial sus precios de mercado. Sino, esta compañías no hubieran permitido que saliera a la luz.

Si crees que te digo algo sin fundamento, déjame que cite a Alan Greenspan en Febrero de 2002 cuando habló en la Cumbre Nacional sobre Ahorros de Jubilación (The National Summit on Retirement Savings)

"La mayoría de previsiones económicas están sujetas a una significativa incertidumbre. Al menos por comparación, hay una valoración que parece ser una propuesta razonablemente cierta: el ratio de jubilados a aquellos aún trabajando crecerá de forma dramática, comenzando al final d esta década, y ese ratio seguirá en aumento a lo largo del primer tercio de este siglo y se mantendrá elevado a lo largo del resto del siglo.

En parte, este desarrollo previsto se debe a la jubilación de los baby boomers, pero este fenómeno es más amplio que esto y refleja el envejecimiento de nuestra sociedad. De hecho, y más importante, según los directivos de la Seguridad Social, el reto demográfico no desaparecerá con el paso de la generación baby boom.

Esta población cada ve más numerosa necesitará ser alimentada, vestida, alojada y con servicios por una fuerza laboral que crece en mucho menor medida. Los jubilados habrán acumulado una parte importante de ahorros, pero los bienes y servicios necesarios para la transacción de esos ahorros deberán ser producidos por una fuerza laboral activa asistida por inversiones en bienes de capital y equipos suficientemente productivo para cubrir las necesidades tanto de los jubilados como de una fuerza laboral con expectativas de un nivel de vida en aumento.

Aunque desde el punto de vista de un hogar individual el ahorro refleja derechos financieros adecuados para cubrir necesidades futuras, el enfoque para la economía en general, por necesidad, debe ser en producir los recursos reales necesarios para capital recursos financieros."

Como puedes ver, Greenspan habló en Febrero, varios meses antes de Mayo (el artículo del Washingtoniano Post) y Julio (la ley Sarbanes-Oxley).

Y aún no supieron prever la crisis de las hipotecas sub-prime que provocó la crisis de crédito y al final la mayor recesión desde la II Guerra Mundial.

Y ahora mi pregunta de impacto para ti: ¿Sigues confiado de que en los años futuros podrás sobrevivir de un trabajo, independientemente del nivel retributivo?

Si te atreves a contestar si porque vives en Europa y piensas que nuestros amigos americanos son estúpidos, por favor déjame recordarte que la crisis de crédito tuvo efectos a nivel mundial. Obviamente, si los mercados financieros se colapsan en os EEUU, el mismo efecto está garantizado en Europa. Te recuerdo que en España solo se garantizan los depósitos hasta 100.000 Euros y eso porque en Octubre 2008 los banqueros le tuvieron que decir a Zapatero que despertase pues solo se garantizaban 20.000 Euros cuando Alemania ya había garantizado todos tus ahorros.

32

Federal Reserve Board Chairman Alan Greenspan speaks
to the 2002 National Summit on Retirement Savings.
Commerce Secretary Don Evans also attended the event.

6. Las empresas pueden eliminar los costes de reclutamiento y aumentar la presencia de marca

6.1 **Headhunting es a menudo una táctica de ventas (sales pitch) y no un proceso de selección bien hecho**

En Diciembre 2009 el nuevo recruiter interno de una multinacional americana muy conocida me llamó para una posición en Alemania del Este. Tuvimos una buena conversación pero el pensó que moverme de Alemania Oeste a una zona campestre donde no hablan mucho inglés era reducir mi calidad de vida.

Aun así le dije que no tenía problemas, que vivía solo y que estaba dispuesto a ir tras vivir bancarrotas/suspensiones de pagos en la industria del automóvil. Le dije que me había dado cuenta que los headhunters externos (también me lo dijo un amigo en Madrid durante el Argentina-España en el Calderón) van desapareciendo o fusionándose. Me lo confirmó, me dio nombres de empresas de headhunters (el venía de una de ellas) que falseaban poniendo anuncios en la web. La falsedad estaba en que no es cierto que el cliente tenga acuerdo escrito con ellos.

Por eso es un sales pitch. Nadie va a pagar una comisión entre un 15 y un 50% de un salario de primer año (por ejemplo 100.000 Euros). Eso se ha acabado. Me lo confirman en Marzo mis colegas del grupo de LInkedIn de Spanish Leadership: están ofreciendo candidatos a coste cero con la condición que funcionen. En definitiva la degradación de la excelencia.

Este mismo mes un cazatalentos de Londres me ha llamado 12 veces en menos de 48 horas. Para decirme que tengo que ir a Zúrich a entrevistarme desde Alemania. Pero cuando le digo que me muestre que su cliente paga el vuelo a posteriori como él dice, me deja un mensaje a las 19.30 horas diciendo "que en ese momento se entera que la costumbre suiza es no pagar el primer vuelo, solo pagar el último si eres el candidato final". Que gran mentira. A las 19.30 horas no hay nadie trabajando en Suiza. Es casi hora de ir a dormir en invierno. El tipo quería cobrar su comisión con mi CV. Por eso es un sales pitch.

> **Otra pregunta dura: ¿Crees que estas siendo profesional con tu empresa pagando una comisión gigantesca al headhunter quien por otro lado no hará probablemente un proceso de selección tan bueno como tu mismo vía LInkedIn ?**

Como explica el fundador de LinkedIn la seriedad de la web es simple: nadie que tenga 10 conexiones (ojo no 10 recomendaciones) se está inventando su CV porque la propia base de datos de LinkedIn te dice a qué ex-compañeros de trabajo tienes en LinkedIn.

6.2 Búsqueda en Google dará tu empresa la primera si creas Grupos

Esto está explicado por Jan Vermeiren como el web search engine factor.

Sea cual sea tu sector, si tu función de informática o tu función comercial crea 50 Grupos con el nombre de tu empresa (sea sobre gama de productos, sobre proveedores, sobre reclutamiento) al final sale la primera en búsqueda Google. Yo mismo el otro día en Alemania encontré antes el perfil de una empresa filial de un gran holding vía su perfil en LInkedIn que por su web oficial.

Esto se explica en más detalle en el capítulo 8.

7. Como puede LinkedIn iluminar tu carrera, empresa y eliminar intermediarios.

7.1   CNN /Forbes sobre Accenture, IBM, LinkedIN y los Headhunters

El título de esta sección es similar a lo que CNN/Forbes también escribe. Te lo traduzco al español respetando la fuente.

http://money.cnn.com/2010/03/24/technology/linkedin_social_networking.fortune/index.htm

(Fortune) – Si necesitas un trabajo o buscas uno mejor, aquí tienes un número que te dará esperanzas: 50,000. Ese es el número de personas que el gigante de la consultoría Accenture tienes pensado contratar este año. Si, trabajos de verdad, con salarios. Busca consultores de telecomunicaciones, expertos en finanzas, especialistas en software y muchos más. Puedes ser uno de ellos, pero, ¿te encontrará Accenture?

Para seleccionar a estos empleados de la forma antigua, la empresa dependía de headhunters, referencias de empleados y sitios web de trabajo. Pero el juego ha cambiado. Para llamar la atención de John Campagnino, el director de reclutamiento global de Accenture, será mejor que estés en la web.

PHOTO: DAVE GETZGHMAN
LinkedIn CEO Jeff Weiner

Yendo al grano: si no tienes un perfil en LinkedIn, no estás en ningún sitio. En parte motivado por el reclutamiento más rápido y barato que puede hacer online, Campagnino piensa realizar hasta un 40% de sus contrataciones en los próximos años por medio de social media: Y él dice: "Este es el futuro de reclutamiento para nuestra compañía".

Facebook es divertido, los Tweets tienen una vida muy corta pero si te tomas en serio la gestión de tu carrera, el único sitio web que importa es LinkedIn. En el mercado laboral actual, una invitación a "unirte a mi red profesional" se ha vuelto más importante, y más útil, que el intercambio de tarjetas de visita y el envío de currículums.

Sacale el máximo partido a tu perfil de LinkedIn

Más de 60 millones de miembros se han registrado para crear sus perfiles, cargar sus historias laborales y crear contactos con gente que conocen. El número de visitantes al sitio se incrementó un 31% el año pasado hasta los 17.6 millones en Febrero. Estos incluyen a tus clientes, tus colegas y tu jefe. Y el estar en LinkedIn te coloca en compañía de gente acreditada: el miembro medio es una persona con educación superior de 43 años de altos ingresos. Más del 25% son ejecutivos de alto nivel. Están presentes todas las compañías del Fortune 500. Es por eso que los reclutadores utilizan el sitio para buscar hasta ejecutivos del máximo nivel: Oracle encontró a su CFO Jeff Epstein via LinkedIn en 2008.

La razón por la cual LinkedIn funciona tan bien para contactos profesionales hay que encontrarla en el hecho de que la mayoría de sus miembros ya tienen empleo. Un grupo de personas con buenos empleos lo utilizan para prospección de clientes antes de llamar, pedir consejo a sus contactos y estar al corriente de donde se han colocado antiguos compañeros.

En este entorno, as personas que buscan trabajo puede hacer su networking casi sin el miedo de que se exponen a venderse a si mismos. Este población es más valiosa para los reclutadores también. Mientras sitios como Monster.com se centra en destacar a los que buscan empleo activamente, muy a menudo los empleados más demandados y cualificados son aquellos que ya tienen empleo. Los headhunters los llaman los candidatos pasivos. El negocio de RRHH y Headhunters de $8,000 millones se basa en que son difíciles de encontrar. LinkedIn cambia todo esto, es como una agenda detallada al alcance de cualquiera. Para toda una generación de profesionales, cuya formación incluía ocultar sus contactos a toda costa, este transparencia en contra-intuitiva. Hasta este momento, casi todas las conversaciones sobre como usar redes sociales de forma profesional se han centrado en lo que NO se debe hacer: no compartas fotos estando embriagado en Facebook, y no uses Twitter para comentar como te has escaqueado de la oficina.

Pero según las compañías recurren a la web para "minar" y buscar potenciales candidatos, ya no tiene ventaja mantener oculta información personal. Ahora, el imperativo está centrado en presentar tus habilidades profesionales de la forma más atractiva posible, incluyendo y poblando tu perfil palabras clave (marketing manager, global sourcing specialist, etc.) que colocará tu nombre en los primeros puestos de los resultados de búsqueda de los reclutadores.

A la vez, puedes centrar tus interacciones profesionales en un solo sitio, uniéndote a grupos en LinkedIn)donde existen más de 500,000, en base a compañías, escuelas y afinidades), ofreciendo consejos y enlazando tu cuente de Twitter y actualizaciones de blog en tu perfil.

"Buscas en Google a otras personas, ¿no crees que otras personas te Googlean a tí?" pregunta el fundador de LinkedIn Reid Hoffman. "Un aspecto de un mundo conectado es que la gente te buscará, y cuando lo hagan, querrás controlar lo que encuentran." Ayudarte a presentarte a ti mismo online es solo el principio. LinkedIn tiene pensado ir más allá, convirtiéndose en una herramienta activa e indispensable para tu trayectoria profesional. Los secretos están enterrados en los datos, los de esos 60 millones de perfiles, incluyendo el tuyo.

El cerebro detrás de la actualización técnica de LinkedIn

En un negocio donde los maestros de los datos son estrellas de rock, Dipchand ("Deep") Nishar es Bono. Durante los 5 años en Google (GOOG, Fortune 500), Nishar, 41, fue clave en el desarrollo de la plataforma de anuncios, la estrategia móvil y en el desarrollo de productos para la región de Asia-Pacifico. Hoffman tardó casi 1 año en contratarle para ser vicepresidente de productos hasta que, finalmente, en Enero de 2009 Nishar giró a la derecha saliendo del aparcamiento de Google en Mountain View, California y condujo 2 manzanas a su nuevo despacho en las oficinas de LinkedIn. Con tanta experiencia en Asia, donde la mensajería móvil y otras redes sociales fueron adoptadas incluso mucho más rápido que en EEUU, Nishar entendió el valor de un sistema que ayudaría a los usuarios organizar todas esas relaciones digitales.

Pero fue un interacción personal que realmente le convención sobre el potencial de LinkedIn. Nishar intentaba decidir si su hija, que entonces tenía 12 años, debería pasar el verano en un programa ofrecido por la universidad Johns Hopkins. Posteo la pregunta en su actualización de estatus tanto en Facebook como en LinkedIn. Así, mientras recibió más comentarios en Facebook, estos eran casuales y de felicitación. Solo le contestaron 4 de sus contactos en LinkedIn, pero le ofrecieron un análisis en profundidad, describiendo experiencias con el programa de la Johns Hopkins que daban crédito a las credenciales académicas de la institución y le convencieron para inscribir a su hija. Dice Nishar "La gente está en un contexto y un estado mental diferente cuando están en una red profesional".

Esta fue la apuesta de Hoffman cuando fundó el sitio en 2003. Fue justo después de que pagase $1,500 millones de dólares para adquirir, donde Hoffman había sido miembro fundador del consejo de administración y vicepresidente ejecutivo y se estaba buscando su próximo gran proyecto. Hoffman, 42, ya era uno de los personajes más hiperconectados de Silicon Valley conn inversiones en docenas de otros "start-ups" (incluyendo Facebook), así que era natural para él en pensar en una forma de que la gente construyese sus enlaces/redes.

"Me di cuenta de que todos tendrían su identidad profesional online para que pudieran ser descubiertos por las cosas que son importantes para ellos" recuerda, moviendo su mano según se reclina en la silla. "Lo más obvio es el trabajo, pero no es solo eso. También son clientes y servicios. Es sobre la gente buscando intercambiar consejos en, por ejemplo, financiación de deuda en los nuevos mercados de capitales". Apoyado por otros inversores ángeles como él, Hoffman y otros 4 aportaron el capital inicial y reunieron un pequeño equipo para lanzar el sitio como una operación básica desde su casa de Mountain View.

Al principio, los usuarios fueron lentos para aceptar el servicio. Muchos sitios de entretenimiento Web 2.0 disfrutaban de subidas meteóricas y siendo adquiridas por importes monstruosos por las grandes compañías mediáticas (de hecho, después de ayudar a financiar YouTube, Hoffman proporcionó a sus fundadores espacio de oficina al principio durante 3 semanas).

En comparación, LinkedIn era un poco estático: era solo para currículums. Al ir siendo Facebook aceptado por adultos, creó una población de usuarios web familiarizados en actualizar su estado, postear links y microblogging. Hoffman percibió que el networking social por fin estaba llegando a la gente y que necesitaba darles a los usuarios de LinkedIn una razón para permanecer en el sitio antes de trasladar sus currículums y otra información profesional a plataformas como Facebook. Así que, este pasado Diciembre reclutó al ex-ejecutivo de Yahoo Jeff Weiner para asumir el puesto de CEO. Y se ganó a Nishar.

IPO watch: ¿está LinkedIn preparado para su gran momento?

John Klodnicki no buscaba trabajo cuando recibió una llamada de un reclutador de IBM que había visto su perfil en LinkedIn. Como director de Programa en la compañía de almacenamiento de datos EMC, se pasaba 5 días a la semana realizando consultoría en compañías farmacéuticas. "Era más o menos feliz", dice. Claro, tanto viajar era pesado.

Aquel Viernes por la tarde Klodnicki estaba comiéndose un sándwich mientras esperaba en la fila de seguridad del aeropuerto de Providence, intentando regresar a su familia en Nueva Jersey. La fila era larga y tuvo tiempo de charlar acerca de oportunidades. Después de pasar por varias rondas de entrevistas, el puesto inicial no llegó, pero se había iniciado la relación. Se mantuvo en contacto y el pasado Septiembre Klodnicki empezó a trabajar como socio asociado desarrollando nuevos negocios en el secto farmacéutico en las oficinas de IBM de Filadelfia, a tan solo media hora de su casa.

Gracias a LinkedIn, personas como Klodnicki son cada vez, más fáciles de encontrar. "Es un gran estabilizador para nosotros. Nos da la oportunidad de llegar directamente a un candidato", dice Annie Shanklin Jones, que dirige el reclutamiento en EEUU para IBM. "En una compañía del tamaño de IBM, eso es significativo."
IBM siempre ha sido una de las primeras compañías en experimentar con las nuevas tecnologías sociales. Sus reclutadores utilizan Twitter para anunciar nuevos puestos de trabajo y la compañía organiza sus propias comunidades de talento. Pero Jones dice que LinkedIn es el sitio de social media más importante para llegar a los empleados potenciales.

El ahorro de costes es uno de los principales factores que impulsan a las compañías a sortear a las grandes compañías de headhunters. "Si fuera una gran compañía de reclutamiento, por ejemplo, tendría que pagar entre $100,000 a $150,000 por una persona" dice Campagnino de Accenture. "Empieza a multiplicar eso por un número determinado de ejecutivos senior y rápidamente estamos hablando de una cantidad importante de dólares"

Si alguien debe estar nervioso por eso, es L. Kevin Kelly. Como CEO de Heidrick & Struggles, una de la compañías más destacadas de reclutamiento, se ha ganado la vida gracias a la opacidad de ese mercado. Viendo el ascenso de LinkedIn, se dio cuenta de que era una fuerza disruptiva que tendría que aprender a manejar bien; el verano pasado voló a San Francisco para cenar con Hoffman.

Sus compañías tienen un relación complicada. Por una parte, LinkedIn es una herramienta que utilizan los reclutadores y Heidrick & Struggles es un cliente. El software de LinkedIn permite a los reclutadores buscar en su base de datos sin acceder a las fotos, y por tanto, cumplir con las leyes anti-discriminación, y contactar con cualquier miembro de LinkedIn. Pero la recesión ha obligado a las compañías a reducir sus presupuestos para trabajar con compañías externas.

Los ingresos de Heidrick & Strugglescayeron un 36% en 2009, y mientras el negocio ha empezado a mejorar, Kelly intenta reinventar la compañía estableciéndola como un asesor en lugar de una simple firma de búsqueda de talento, ofreciendo consultoría sobre las formas de gestionar asuntos de personal y seleccionar miembros del consejo. Ahora esto solo representa un 7% del negocio pero espera que llegue a ser la mitad del negocio total de Heidrick & Struggles.

Aún habrá una necesidad de headhunters y las formas tradicionales de contratación, ya que LinkedIn no cubre todo. Y debe usarse con cuidado.

"Si no gestionas ese sitio, puedes erosionar tu marca," dice Arlette Guthrie, vicepresidente de gestión de talento en Home Depot. Guthrie aprendió a utilizar el sitio por medio de pruebas. A lo largo de los años experimentó utilizar LinkedIn para todas las contrataciones, incluidos los temporales, ya que Home Depot necesitará 80,000 personas el próximo año – pero descubrió que LinkedIn no ofrecía mejores candidatos para el grueso de los puestos de la compañía, casi todos en las tiendas. Aunque muchos empleados, médicos y profesores se unen a LinkedIn, los principales miembros del sitio son profesionales corporativos.

Ahora Guthrie usa LinkedIn para tres areas difíciles: cadena de suministro, tecnología de la información y fuentes globales (global sourcing). Algunos de los reclutadores de Guthrie pasan tiempo a diario en el sitio, buscando potenciales candidatos, conversando con ellos en los grupos con mensajes y respondiendo a preguntas. Este enfoque ha funcionado bien. Utilizando servicios como este en Internet ella ha podido reducir el tiempo necesario para cubrir los puestos, una métrica importante en ese campo, por casi la mitad.

A la entrada de la clase "Hope" en el campus satélite de la universidad de Belhaven en Houston, Susan Thorpe reparte un pequeño libro titulado *12.5 Ways to Get Ahead on LinkedIn*. (12.5 maneras de salir adelante en LinkedIn) Delante, su marido Doug Thorpe, que auto publicó esta guía, ha dibujado un diagrama sobre el tablero que se asemeja a una plan de fútbol elaborado. Una serie de círculos etiquetados uno, dos y tres se expanden desde una burbuja central etiquetada TU. Una docena de personas que buscan empleo toman notas mientras Thorpe describe como dirigirte a tus contactos de primer nivel, esos antiguos colegas y amigos con los que has conectado en el sitio, para llegar a los contactos de segundo nivel. Es un proceso tan viejo como las relaciones humanas: Anda, ¿puedes presentarme a tu amigo? Thorpe explica el protocolo la técnica para hacerlo digitalmente. "Escribe una nota personal cuando le pidas a alguien que conecte", le dice a sus estudiantes.

Thorpe, 57, es uno de los cientos de consultores que han surgido para ayudar a profesionales a establecerse online. Después de perder su compañía inmobiliaria en la crisis, empezó Jobs Ministry Southwest, una entidad sin ánimo de lucro religiosa que ofrece apoyo gratuito en el area de Houston. Una docena de las 160 personas que asistieron al grupo de apoyo del día anterior han pagado $24.95 por esta introducción de media jornada a LinkedIn.

El mensaje principal de Thorpe a sus clientes es que es muy importante completar tu perfil. Obtén recomendaciones de antiguos compañeros. Utiliza palabras clave para resaltar habilidades que quieras destacar. Únete a grupos: los reclutadores a menudo buscan en los grupos a los potenciales candidatos. Responde a preguntas de colegas que demuestren tu categoría profesional.

Uno de los asistentes, Heinz Meyer, suspira de forma audible ante la perspectiva de pasar todo ese tiempo online. "Este puede convertirse en algo que requiera 24/7 muy rápidamente," dice Meyer, 67, que acaba de perder su trabajo en Universal Pegasus, una compañía de construcción de oleoductos y gaseoductos. Thorpe le responde sugiriendo que la clase dedique un tiempo limitado en el sitio cada día, digamos, 30 minutos. Aunque es difícil de creer, LinkedIn no le paga.

Existe mucho debate en la clase sobre la sugerencia de Thorpe de incluir fotografías profesionales en sus perfiles. ("No utilicéis perros, caballos, gatos o vacas de fondo") Los de mayor edad están especialmente preocupados de que sus canas les discrimine por la edad. Hay aspectos negativos a tanta transparencia, argumentan. ¿puede ser que los contratantes sepan más de ti de lo que debieran?

Es una pregunta que Hoffman consideró desde el principio. A pesar de todo el beneficio que trae LinkedIn para la búsqueda de trabajo no puede borrar los retos fundamentales del mercado laboral. Una de las grandes realidades es que la mayoría de los baby boomers están sin trabajo porque las industrias en las que desarrollaron más de 3 decadas de experiencia o se han ido al extranjero o han cambiado irrevocablemente (vea el lector que la CNN está diciendo en 2010 algo que sobre el 2002 ya se había publicado en torno a los baby boomers y que Greenspan no negó).

Estos aspirantes de empleo necesitarán reinventarse en nuevos puestos. El asunto de sitios de social networking es que no mienten, al menos no con éxito. No puedes engañar sobre tu experiencia o edad, porque tus conexiones te conocen en la vida real. Asi, Hoffman está de acuerdo con el consejo de Thorpe: Pon tu foto. "Un perfil en LinkedIn te permite presentarte tan fuerte como puedas, así que utilízalo como ventaja".

De acuerdo, ¿pero como consigues ese trabajo? Es la última pregunta de sus alumnos mientras cierra su charla. Thorpe mira al diagrama elaborado en el panel, señalando a los números en círculos. Social networking es solo una manera más eficiente de llegar a las personas que conoces, y a la gente que ellos conocen. Trabajas la red. Conectas con gente como John Campagnino de Accenture si quieres trabajar en consultoría. Después, apagas tu ordenador y llamas a tus contactos por teléfono. Y les invitas a comer.

7.2 Los Headhunters tendrán que redefinir tus servicios

El dueño finlandés de una empresa de consultoría a la vez que CFO y CIO de otra compañía me escribe después de que hubiera posteado este artículo en un grupo de LinkedIn sobre la Gestión de Procesos de Negocio:

"Los Headhunters se comportarán cada vez más como asesores en lugar de solo compañías de búsqueda, ofreciendo consultoría sobre las formas de gestionar asuntos de personal y en la selección de miembros del consejo. Desde luego, la cadena de valor cambiará.

Además, el artículo proporciona una visión realista sobre como un profesional debe aparecer en Social Media – y sobre como debes explotar tu red e incluso tu habilidades para resolver problemas personales y la toma de decisiones. Cuando tienes amigos inteligentes recibirás consejos inteligentes."

¿Lo has leído? **Cuando tienes amigos inteligentes recibirás consejos inteligentes.**

Quiero ser tu amigo y darte un consejo inteligente. Sé que algunos nos hemos conocido personalmente y otros no. Pero lo que escribo es genuino. Para empezar, tus costes de reclutamiento deben ser cero. Tu ya tienes tu propia base de datos en España. He recibido solicitudes personales de ayuda de reclutadores en Estados Unidos e Irlanda (países anglo sajones) porque no sabían como usarlo, esto es, pusieron anuncios en los grupos. Esto no funciona. La pena es que su cliente deberá pagarles ahora una comisión. La pena no acerca de mi, es por la economía mundial ya que todo puede ser hecho estando LinkedIn. **Esto es crítico. Déjame explicarte esto en la siguiente sección. No es lo que piensas.**

8. Como beneficiar a su compañía estando Linked-In

8.1 La gente y las compañías no entienden lo que significa estar LinkeIn

Estar en Linked-In no quiere decir que tienes una cuenta de LinkedIN. Lo que quiere decir es que a la vez que tienes la cuenta de correo de la compañía abierta en la pantalla estás LinkedIn si la tienes abierta. Si no, no entenderás lo que pasa.

Esto lo aprendí por media de reclutador nacido en Alemania de una multinacional de EEUU que me envió un correo en Diciembre de 2008. Yo estaba ocupado y le respondí: ¿que es lo que quieres? ¿quién eres? Hablamos sobre un puesto en Alemania de forma confidencial. Me ha llevado hasta 2010 para darme cuenta de que lo que me decía era "Te he visto mientras estabas LinkedIn."

El nació en Alemania, tiene un nombre alemán pero fue criado en el Reino Unido así que su inglés es mucho mejor que su vocabulario alemán.

8.2 El primer error de personas y compañías: debes de tener 3 direcciones de correo electrónico de LinkedIn

Todos hemos abierto una cuenta de LinkedIn tanto con nuestra cuenta de correo personal o con la cuenta nuestra compañía. Esto fue porque alguien en el trabajo (o un antiguo compañero) nos envió una invitación.

Por ahora, todo bien.

Sin embargo, lógicamente LinkedIn no puede importar de forma inteligente el directorio de direcciones de correo de su cuenta de correo de su compañía, porque esto requeriría millones de contratos por dominio.

Lo que sí hace LinkedIN de forma astuta es importar contactos de correo web de los siguientes dominio (te digo unos pocos porque no te voy a poner dominios hasta en ruso):

- Ø aol.com
- Ø gmail.com
- Ø gmx.at
- Ø gmx.ch
- Ø gmx.de
- Ø gmx.net
- Ø googlemail.com
- Ø hotmail.com
- Ø ig.com.br
- Ø libero.it
- Ø live.com
- Ø mac.com

Ø msn.com
Ø mynet.com
Ø onet.eu
Ø rediffmail.com
Ø sbcglobal.net
Ø t-online.de
Ø web.de
Ø yahoo.com

Por esto, algunos pocos usuarios listos tienen una cuenta como por ejemplo:

Pepe.Gonzalez.Empresa.Linkedin@gmail.com

¿Aún te preguntas que tiene esto que ver con mi compañía? Muy simple. Si tu directorio de direcciones en el trabajo está en esa cuenta de gmail de LinkedIn, todas tus relaciones de negocios aparecen de forma automática bajo la sección "Contactos Importados". De esta forma, verás que

1.   Tus proveedores están linked-in
2.   Tus clientes están linked-in
3.   Tus banqueros están linked-in
4.   Tus expertos de TI están linked-in
5.   Tus asesores están en linked-in
6.   Dilo tú....podría escribir 100 ejemplos de socios de negocios con trato a diario que están en Linked-In pero solo unos pocos de nosotros conocemos el valor de "estar linked-in" en cualquier momento que utilizamos nuestros ordenador.

Sigues preguntándote: ¿como beneficio esto a mi compañía?

La respuesta corta es que hace que nuestros contactos de negocios sean directos.

La respuesta larga nos lleva a los siguientes temas.

8.3   Mejor branding y visibilidad vía sitio web, sumario y especialidades.

Otro error que cometemos cuando usamos LinkedIn es que ninguno de nosotros ha pensado en usarlo para el beneficio de tu propia compañía y negocio. Todos fuimos invitados a LinkedIn o nos han hablado de ellos. Así que todos lo hemos usado (o aún lo usamos) como algo que no es profesional.

Ese es el error: Necesitas empezar a ser profesional para ti y tu compañía.

8.3.1 Via website

Para darle la vuelta al branding y visibilidad de tu compañía desde 0 (porque tus empleados no siguen al pie de la letra los pasos abajo descritos) para llegar al 100% estos son los pasos.

Paso 1. Página web 1 en LinkedIN: Enlaza a la página principal del sitio web de tu compañía. Por ejemplo www.tuempresa.es pero usando palabras clave para todos tus empleados. Porque son empleados de tu compañía y lo dicen. Recuerda utilizar la función "otros" (other) para añadir estas palabras clave dado que enlaces múltiples a una determinada página harán que aparezca más alta en resultados de Google (u otro motor de búsqueda) cuando las gente busque con estas palabras clave.

Paso 2. Página web 2 en LinkedIN: Enlaza a una página especifica en el sitio web de tu compañía que esté relacionado con el individuo. Por ejemplo, www.tuempresa.es/ventas/productos.html si esa persona está en ventas. Pero puedes hacerlo para cada sección de tu sitio web y tus empleados, esto es, todos tus empleados tienen un rol en tu compañía. Hasta tu Director Financiero debe estar enlazado a la sección corporativa de tu sitio web.

Paso 3. Página web 3 en LinkedIN Website 3: aquí el enlace es libre. Libre quiere decir en este caso que si tu empresa es muy grande quizás quieras añadir un html cada cada empleado según corresponda. Si tu empresa es pequeña o eres un emprendedor dueño de un empresa quizás quieras enlazarlo a tu blog (si está relacionado con tu negocio).

8.3.2 Vía sumario y especialidades

Este es otro error común.

Todos ponemos donde trabajamos en la segunda línea y no hacemos mucho más. Fundamental esto es erróneo. Debajo de tu nombre debes explicar quién eres, esto es, un máximo ejecutivo con experiencia en los sectores xyz. No tienes que poner el nombre de tu compañía ya que sigue a continuación.

Un resume sobre tí y cada uno de tus empleados debe ser como sigue:

1. solo 1 párrafo sobre tu compañía que sea igual para todos tus empleados. Esto, obviamente, eleva el branding de tu compañía.

2. Uno o dos párrafos sobre la experiencia profesional del empleado como tal, ya que esto ayuda a la reputación de la empresa así como la del empleado.

3. Un párrafo describiendo tus intereses personales. Tus clientes o proveedores o banqueros o asesores tienen que ver que eres humano y no una máquina.

8.4 El verdadero poder de LinkedIn está en tus contactos de segundo nivel, grupos y avanzado

8.4.1 El poder de LinkediN: Tus contactos de segundo nivel

Quizás esta sea la parte más importante del informe. Al contrario de la creencia común, el poder de LinkedIn no está en tus contactos de primer nivel. Está en tus contactos de segundo nivel. ¿Por qué?

La respuesta es porque si te restringes solo a tus contactos de primer nivel entonces aquí termina tu negocio. Y serás uno de los millones de usuarios que tienen una cuenta en LinkedIn pero que no saben utilizarlo correctamente.

Déjame compartir contigo un simple cálculo contigo. Presumo que

a) Tengo 250 contactos (en realidad más de 1870 contactos y en España hay algunos no headhunters que llegan a 5.000 al escribir este libro)

b) Tú tienes solo 125 contactos (puede que tengas más o menos)

Esta presunción es conservadora: tu solo tienes el 50% de mis contactos pero mis 250 es una minucia en comparación a mi número real. Así es como funcionaría la duplicación

·   250 x 125 = 31250 contactos en el segundo paso

·   31.250 x 125 = 3.906.350 contactos en el tercer paso

·   3.906.350 x 125 = 488.281. 250 contactos en el cuarto paso

·   488,281.250 x 125 = 61 035 156 250 en el quinto paso

Y entonces, obviamente tu pregunta será ¿qué tienes esto que ver con los Grupos?

La respuesta corta es: todos los miembros del Grupo son en realidad como contactos de segundo nivel porque puedes enviarles mensajes directamente.

La respuesta larga nos lleva al siguiente tema.

8.4.2   Cada usuario de LinkedIn puede tener 1,000 grupos (esto es, 50 Grupos x 20 subgrupos)

Todos nos hemos unido a Grupos en LinkedIn atraídos por la curiosidad. Sin embargo, ninguno de nosotros hemos entrado en LinkedIn de entrada para crear un Grupo.

Esto es un gran error. Busca por SAP en la sección de Grupos y verás cuantos Grupos SAP existen. Pero esto es solo el principio.

Para cada usuario, LinkedIn te permite tener hasta 50 Grupos. Así que, puedes crear tus propios 50 Grupos para tu compañía si quieres. Además, cada grupo puede tener 20 Subgrupos. El cálculo es simple:

    1. 50 x 20 =1000 Grupos con tu nombre de marca
    2. 10 empleados duplicándolo por 1,000 Grupos es igual a 10,000 Grupos con el nombre de marca de tu compañía

Yo solo gestiono 3 Grupos. Pero si pones el nombre y apellido de mi perfil LinkedIn (sin mencionar LinkedIn) en www.google.es verás que mi perfil en LinkedIn es la primera cosa que aparece en Google. Esto se debe a lo que expliqué en el punto 7.3.1 anterior.

Dejame poner este simple ejemplo para ti.

El Grupo 1 propiedad del CEO de la compañía porque es el responsable de la estrategia.

    1. Subgroup 1.1: El tema es tu negocio clave
    2. Subgroup 1.2: Los temas son tus negocios no-clave, esto es, otros negocios que te proporcionan ingresos.
    3. Sugbroup 1.3: El tema son los nuevos negocios y productos que acabas de lanzar (una compañía alemana sin nombrar lo acaba de hacer)
    4. Subgroup 1.4. Relaciones con proveedores
    5. Subgroup 1.5 Relaciones con los clientes
    6. Subgroup 1.6: Relaciones con banqueros
    7. Subgroup 1.7: Relaciones con otros máximos ejecutivos
    8. Subgroup 1.8: Relaciones con los medios
    9. Subgroup 1.9: Relaciones con Medios Digitales, esto es,. Web 2.0
    10. Subgroup 1.10: Relaciones con asesores financieros
    11. xxx
    12. Xxx
    13. Xxx
    14. Xxx
    15. Xxx
    16. Xxx
    17. Xxx
    18. Xxx
    19. Xxx
    20. xxx

Esto es solo un ejemplo a grandes rasgos. Los demás 10 xxx los dejé así a propósito para obligarte a pensar.

¿Por qué?

Porque en cuanto tu creas tus 20 Subgrupos (o cualquiera de ellos) entonces tu nombre de marca (brand) se multiplica por 1,000.

Si repites este ejercicio con 10 empleados el nombre de tu marca (brand) se multiplica por 10,000. Aqui tienes otro ejemplo a grandes rasgos del resto de tus 10 Grupos (no SubGrupos)

* Grupo 2:   Propiedad del COO porque él/ella es responsable de Operaciones
* Grupo 3:   Propiedad del VP/Director de Ventas porque él/ella es responsable de Ventas
* Grupo 4.   Propiedad del VP de Marketing porque él/ella es responsable de marketing
* Grupo 5:   Propiedad del CFO porque él/ella es responsable de los controles financieros
* Grupo 6:   Propiedad del CIO porque él/ella es responsable de los controles de TI
* Grupo 7:   Propiedad del VP de RRHH porque él/ella es responsable de las funciones de RRHH
* Grupo 8:   Propiedad del Director de compras porque él/ella es responsable de es el responsable de Compras
* Grupo 9:   Propiedad del Director de I+D porque él/ella es responsable de I+D
* Grupo 10:   Propiedad del Consejero Legal porque él/ella es responsable del Departamento Jurídico

De nuevo, esto es solo un ejemplo a grandes rasgos. Tu eres el que tienes el diagrama de organización delante. ¿Has pensado que si cada uno de estos 9 usuarios crea 20 SubGrupos (que solo requiere 20 minutos para hacerlo) todo tu negocio "está Linked-In"?

Recuerda: "Estar linked-in" no significa tener una cuenta LinkedIn pasiva

Asimismo, no trastornas la interacción normal con el E-Mail ya que tu cuenta de correo LinkedIn ahora es

nombre.apellido.empresa.linkedin@gmail.com. Comprueba LinkedIn una vez al día o una vez a la semana. Tu defines tu ritmo de progreso.

Mi consejo: Utiliza "estar linked-in" exactamente como usas tu pantalla de E-mail. Y entonces verás los tremendos beneficios para tu negocio.

8.4.3   Avanzado: Esto quiere decir poner tu negocio en "avanzado" si lo utilizas adecuadamente.

Aquellos de nosotros que hemos asistido a Webinars (esto es, seminarios vía web que son gratis y se realizan de 2130 a 2245 CET para que Europeos, Africanos, Australianos y Neozelandeses, Asiáticos, Americanos del Norte y del sur puedan asistir) se supone que somos en cierto grado expertos en esto.

Pero aún así las estadísticas muestran que el 70% de nosotros como expertos no utilizamos el icono avanzado. En otras palabras, vamos directamente a la barra de personas. GRAN ERROR.

Todo lo que tienes que hacer es introducir personas, no rellenar la barra, cliquar avanzado y tendrás una nueva pantalla en blanco. Después, todo lo que tienes que hacer es lo siguiente:

1. Localización: Ignora cualquier sitio y selecciona localizado cerca de 80 Km de tu localización en España.

2. Titulo: Seleccionar en blanco e introducir Manager actual o pasado

Así es como un usuario de Madrid me dice encontró más de 30.000 directores españoles de los cuales hay mas de 3.000 directores generales españoles razonablemente cerca de su localización. Si quiero extender las millas/kilómetros a 160 km obtiene 35,000 directores.... en Abril y esto aumenta cada semana (si no es cada día). No me sorprende, yo en Alemania tengo 188.000 Managers en 100 millas (160 km), 2911 CEOs en la misma distancia y como dije antes 220 a 15 km y ahora un 15% más en tan solo 3 semanas. Veo 75-80 millones de LinkedIN antes de final de Q 2 2010 (30 Junio 2010).

Ahora repite este ejercicio introduciendo compañías en lugar de personas. Ignora la barra de compañías y dale a búsqueda. A mí en Alemania me salen más de 100.000.

Repite el ejercicio e introduce de nuevo personas, y pincha en avanzado. Después no busques por personas sino busca por compañías en España O EN CUALQUIER PAIS DEL MUNDO.

Todas las compañías están allí. En España están las más importantes pero

Recuerda a Jason Lee del capítulo 3 de este libro. ¿De verdad quieres quedarte atrás?

8.5   SAP parece estar tomando la delantera: Grupos y red de comunidad.

Si aún eres escéptico, déjame explicarte lo que ha hecho SAP.

Simplemente cambiar de personas a Grupos y escribir SAP

¿Que obtienes?

Yo obtengo 3,005 resultados. El primer grupo que aparece es este

SAP Community

SAP community es la red mundial de profesionales que desarrollan, venden, utilizan y ofrecen consultoría en SAP.

51,985 miembros |

Sin embargo, lo anterior es solo un ejemplo de un grupo numeroso y con éxito.

Debido al éxito de LinkedIn y sus Grupos, LinkedIn y la SAP Community Network (SCN) han unido sus fuerzas para combinar lo mejor que ofrece cada red para entregar beneficios excepcionales a los usuarios que pertenecen a ambas comunidades. El SAP Community Bio (en LinkedIn) es la primera de muchas ofertas resultantes de esta colaboración.

El SAP Community Network (SCN) ofrece contenido y conocimientos técnicos complejos para desarrolladores, analistas, consultores y administradores. En este entorno se estimula a los miembros a demostrar su capacidad técnica a sus colegas, empleadores potenciales y al mundo en general al anunciar su pertenencia y contribuciones en SCN en la aplicación SAP Community Bio. Su perfil indicará su estado de miembro SAP, sus contribuciones recientes y artículos y su nivel de puntos SCN.

Como puedes ver, acabo de googlear LinkedIN SAP Community Network (SCN) y obtuve esta respuesta

http://www.google.com/search?client=gmail&rls=gm&q=Linkedin%20SAP%20Co mmunity%20Network%20(SCN)

Resultados de búsqueda
1.   Sobre LinkedIn Connection

LinkedIn y la SAP Community Network (SCN) acaban de unir sus fuerzas para combinar lo mejor de cada oferta para ofrecer beneficios excepcionales al negocio.....
www.sdn.sap.com/irj/scn/linkedin-profile -

Que me lleva al sitio web oficial

http://www.sdn.sap.com/irj/scn/linkedin-profile

Puedes leer toda la página pero esto es lo que más me gusta es este mensaje final:

> "Un miembro de la comunidad fue a un cliente potencial e empezó a presentar a su compañía. El potencial cliente le interrumpió y dijo 'No es necesaria ninguna introducción. Te conocemos del sitio SAP Developer Network.' La presencia en la comunidad está abriendo puertas"
> Mark Finnern, Chief Community Evangelist, SAP AG

Esto lo dice todo ¿verdad?

8.6   Skype, Blackberry en LinkedIn y tus costes de telecomunicaciones podría ser prácticamente cero

No utilizo ni un I-Phone ni Blackberries. Mi viejo Sony tri-banda me sobra.

Pero si tengo una cuenta Skype. Un día quise llamar por Skype a alguien en los EEUU. Y marqué su número Skype pinchando el icono verde de teléfono que

LinkedIn emplaza automáticamente si también tienes abierto Skype. Mi sorpresa fue que interrumpí a este caballero en una reunión en su....¿móvil?

Tiene varias cuentas Skype para negocios, así que si está ocupado, activa su cuenta móvil de Skype en LinkedIn.

Después he visto en LinkedIn aplicaciones Iphone (esto es, usuarios diciendo que lo utilizan) y justo el 31 de Marzo alguien en mi red puso el mensjae "Cool Linkedin bberry app".

xxx te ha enviado este mensaje.

Fecha: 31/3/2010

Asunto: RE: Cool linkedin bberry app

http://m.linkedin.com/blackberry/download?src=email

On 03/31/10 3:38 AM, wrote:

Tell me that what is xxx because LinkedIn can do everything

xxx posted:
Cool linkedin bberry app

¿Te das cuenta de que cuando has hecho todos los deberes anteriores que empiezan con una nueva cuenta gmail a nombre de nombre.apellido.empresa@gmail.com todo el mundo está a tus pies?

Si quieres y eres persistente a lo largo de los próximos días, semanas, meses y años tus costes de telecomunicaciones pueden ser cero, esto es, que tus llamadas (fijas y móviles) las puedes realizar mientras estás LinkedIn.

8.7   Llega la figura del experto interno de LinkedIn

De aquí a un tiempo, será necesario un experto interno de LinkedIn en cada compañía que se dé cuenta del potencial de esta plataforma de networking de negocios de éxito. El camino del progreso depende de ti.

Dentro de mis 2911 CEOs alemanes no me deberían salir banqueros (tienen otro job title) pero lo que sucede es que algún banquero es también CEO. Así que como estoy conectado a el ya, he pensado que como en Alemania todo está muy bien organizado por Kreis (una especie de condados) cada sucursal va a tener que tener un experto LinkedIn para estar conectado con el cliente local. Retail banking en suma. Así que ampliaré mi radio de acción a la banca.

9. Como ser un líder a diario

Durante varios capítulos de este libro (el 2 el 3 el 7 y el 8) te he hablado de LinkedIn porque entiendo que necesitas una herramienta tangible para crecer a diario. Pero un principio de liderazgo dice que la grandeza es un trabajo interior. Por tanto este capítulo lo dedico a ayudarte a ser un líder a diario

9.1 Los hábitos marcan a un líder: Hazte productivo todo el día

También de mi vasta biblioteca de liderazgo he aprendido que los hábitos hay que cambiarlos si quieres ser un líder.

Uno de los problemas apuntados en nuestro grupo de Spanish Leadership en LinkedIn es la falta de productividad en España. Cuando tratamos el tópico en el grupo llegamos a la conclusión de que la jornada laboral (asumiendo que estas en empresa y no te pagan por horas) de un directivo o empresario debería ser así

- Diana a las 7 como muy tarde
- Entrada al trabajo a las 8.30
- Parada para comer a la 1 como muy tarde
- Regreso a las 2
- Jornada vespertina de 2 a 6 como muy tarde

A partir de ahí te quedan 5 horas (de 6 a 11 pm) para desarrollar actividades productivas. Ni en Alemania, ni en EE.UU, ni en Inglaterra, ni en Holanda ni en Francia ni en Italia se pierden 2-3 horas a la hora de comer.

En España cuando pregunto a la gente dime ejemplos de vivir bien me hablan de: sol y buenos restaurantes. Lo cuestiono al 100%. En Francia se come de cine, y no digamos en Italia. En EE.UU he conocido los mejores restaurantes de pescado y carne. En Alemania se come muy bien.

Pero nadie rompe la jornada laboral a lo tonto. En Alemania yo he comido buffets de 4 platos (ensalada, sopa, segundo plato de lujo y postre) por 5.5 Euros en restaurantes cerca de Heidelberg. Costaba más la bebida (2.8 Euros por zumo de manzana) casi que el buffet.

9.2 ¿En que emplear el tiempo libre? En generar riqueza

Lo primero que yo te recomendaría es que no veas la televisión. En Inglaterra entre 1999 y 2001 no tuve televisión en casa. Ya no me hacía falta para mi inglés. Mis compañeros de trabajo me admiraban por ello. Te aconsejo que hagas lo mismo. Si no me escuchas es tu problema. El fundador de Google dice que todo el mundo necesita un mentor. Yo tengo mentores para varias cosas.

Asumiendo que deportes puedes hacer Martes y Jueves y algo un Domingo o Sábado. La pregunta es que haces con 15 horas libres (Lunes, Miércoles, Viernes) más 24 horas (de 10 a 22 horas) de Sábado y Domingo. En total 39 horas. O sea casi 40 cuando la jornada laboral son 40 horas por semana (8 x 5).

¿Te das cuenta de que si tienes problemas es solo porque tú quieres? Los problemas son oportunidades. Depende de ti el ver una oportunidad en lo que los otros ven el problema.

No es un problema la carga de trabajo sino la eficiente gestión del tiempo. Ya te he demostrado cómo sacar 40 horas adicionales

9.3 Formas de generar riqueza en 40 horas adicionales

9.3.1 Funda tu propia empresa

Refiriéndome a Miguel Angel Cornejo en el Capítulo 1 decía que el dice que crear algo (sistema, empresa) es ser un ser excelente.

Fundar Spanish Leadership no me ha costado más que comprar un dominio de Internet por algo menos de 10 dólares. Y utilizando LinkedIn he maximizado mi Brand value. Si pones mi nombre y apellido en google verás que salgo directamente en LinkedIN.

Funda tu empresa. De lo que sea. Define la idea y guardala como un diamante alejado de depredadores. Está científicamente comprobado que un diamante es un depósito de carbono procedente el sol. Un diamante es una gota congelada de una luz de sol. Pule ese diamante que tienes como idea y desarróllalo.

9.3.2 Ponte a aconsejar a gente y a empresas

Con LinkedIn puedes ser el líder de tu industria, de tu sector, de tu ciudad, de tu barrio o de tu pueblo si tú lo deseas. Un líder es aquel que tiene seguidores. Ya lo hemos dicho al comienzo de tu libro. Dedica una parte de esas 40 horas a liderar todo tipo de proyectos en tu comunidad. El stress es mental, titán. Con que tú comas bien y duermas 7 horas al día no vas a tener stress.

9.3.3 Crea un negocio de network marketing

Como hombre que ha trabajado en 28 países del mundo (como mínimo 4 semanas en cada país) y con una red profesional en mas de 40 países del mundo te diría que a pesar de todo lo dicho en este libro la mejor actividad es crear un negocio de marketing de red, porque las 5 características del mismo lo hacen un negocio de ensueño. Las 5 características son:

   a) **Mercado Global**: Presencia en más de 80 países y territorios. Puedes hacer negocios en más de 80 países y territorios con base en tu propio país.

b) **Ingresos residuales:** Los ingresos residuales son aquellos en los que haces el trabajo una vez y te pagan durante años. Algunos networkers han estado ganando dinero de gente que introdujeron en su negocio de networking desde hace más de 25 años. Lo hicieron sin la ventaja de Internet y sin contar con sitios profesionales como LinkedIn. Ahora disponen de volumen de gran negocio.

c) **Negocio hereditario :** Una compañía de networking tiene a gente de tercera generación trabajando para el negocio y aún se respetan todas las líneas originales de sponsorización. ¿Es hereditario lo suficientemente importante para ti? Espero que sí porque eso significa que el negocio que has creado será transferido a tus hijos cuando mueras. Recuerda el principio de liderazgo: el líder es el que posibilita que los seguidores se puedan convertir líderes. Sólo por tus hijos debes mirar un negocio hereditario.

d) **Duplicable.** El sistema de soporte de libros, cintas y eventos en vivo (uno abierto cada 2 semanas, un seminario cada mes y una convención cada trimestre) está disponible para que tengas éxito en construir tu red. Entra en el sistema de entrenamiento, y duplícate educando a otros a hacer lo mismo.

e) **Baja inversión y bajo mantenimiento:** Este puede ser lo mejor de este negocio. El coste de entrada es tan bajo que está disponible para casi cualquiera. En cuanto a bajo mantenimiento, muchos networkers prefieren trabajar desde sus casas, incluso los que tienen gran éxito que pueden permitirse una oficina de lujo, también trabajan desde casa. No es cuestión de donde trabajas, sino como trabajas., lo que cuenta en este negocio.

Esto es posible porque networking utiliza la forma más efectiva de publicidad: el boca-a-boca. Por otro lado, el modelo tradicional de las corporaciones depende de la publicidad: el problema con la publicidad es que siempre se malgasta la mitad del dinero. La ironía es que las corporaciones nunca saben si lo malgastado es la primera o la segunda mitad. O quizás, ambas. En cierta empresa alemana de marca deportiva el anuncio de Fernando Hierro en 1996 fue posible gracias a que un titán español y catalán, Don Benjamín Clarí Oltra, se enfrentó con una serie de inútiles escandinavos y británicos que querían sacar una campaña de marketing vergonzosa para la Eurocopa en base al humor inglés de Paul Gascogine entre otras tonterías. La agencia de marketing hizo el agosto porque rehízo 2 clases de anuncios y se llevó mas dinero de lo acordado. Pero lo triste es que la corporación alemana malgastaba el dinero porque no sabían gestionar su marketing.

Por eso te digo que yo no iría a una empresa de network marketing que no es líder sino a la líder. Tienes una bibliografía de libros adjunta en el apéndice y auto-asesórate. No me hables de que fulano o mengano te ha hablado de pirámides que las pirámides son las empresas corporativas donde solo hay un CEO y un CFO. Además tienes casi 40 años de retrasó respectó a lo que dictaminó en su día la Federal Trade Commission: que este modelo de negocio es la mejor forma de llevar empresas. Si luego salen copy-cats como aquel italiano que fundó algo de teléfonos, copiando modelos, engañó a un amigo mío de París para ser Head of Business Development y a gente española de Fráncfort que picaron, para acabar este italiano siendo perseguido (y no sé si en la cárcel) entonces ya no es mi problema. Es problema de cainismo que en España funciona a todas horas. No se sabe lo que es la excelencia

9.3.4 Sé mejor que yo: Léete 50 libros de liderazgo al año

Si bien mi bibliografía de libros en el apéndice te va a impresionar, no tengo tanto merito. Comencé en 1999 a leerme un libro al mes. Pero ¿sabes que?, no soy nada mejor que tú. En Octubre de 2004 me leí los 21 Secretos de Éxito de los Millionarios auto construidos de Brian Tracy que dice que **" Leer es a la mente lo que ejercitar es al cuerpo". Y dice que leer una hora al día supone leer un libro a la semana y leer un libro a la semana suponen 50 libros al año. Y añade 50 libros al año en los próximos 10 años significan 500 libros.** Y razona: Dado que el adulto medio lee menos de un libro al año cuando tu comiences a leer una hora al día, un libro a la semana, esto en sí mismo te va a dar un pedigrí increíble en tu campo. "Te convertirás en uno de los más listos, más competentes y mejor pagados en tu profesión simplemente leyendo una hora al día"

Lo triste para mí es que lo sé hace 6 años y como ves me quedan aún de leer más de 300 libros para llegar a la excelencia que propone Brian. Pero ya he despertado. Llevo 10 libros leídos en 14 semanas del año y lo lograré. Tengo hasta Octubre 2014 para lograrlo.

Te dejo con unas citas de liderazgo para que te inspiren a leer todos los días 1 hora: 20 minutos después de desayunar, 20 minutos después de comer y 20 minutos después de cenar. ¿Es fácil verdad? En mayúsculas pongo los nombres de personas relacionadas con el deporte para que te las memorices más fácilmente.

- Puedo aceptar los fallos, cualquiera falla en algo. Pero no puedo aceptar no intentarlo.

  MICHAEL JORDAN

- Un ganador es alguien que reconoce sus talentos que Dios le ha dado, trabaja sobre ellos para desarrollarlos en cualidades y utiliza estas cualidades para lograr metas.

  LARRY BIRD

- La clave de cualquier partido es utilizar tus fuerzas y proteger tus debilidades

  Paul Westphal

- No hay tal cosa como podría, debería o lo haría cuando tu podías haberlo, deberías haberlo o lo habrías hecho

  PAT RILEY

- Lo único que media entre un hombre y lo que quiere de la vida es a menudo simplemente la voluntad de intentarlo y la fé de creer que es posible

  RICK DE VOS

(propietario de Orlando Magic)

- La mejor forma de escapar de un problema es resolverlo. El éxito nunca es final y el fallo nunca es fatal. Es el coraje lo que cuenta.

Anónimo

- Imposible es una palabra que puede encontrarse solamente en el diccionario de los tontos.

Napoleón Bonaparte

- Nada es imposible

ADIDAS

- No existe una línea de llegada
  (There is no finish line)

NIKE

Esta memorización debería ser semanal. He tenido que leerme más de 160 libros de liderazgo para aprender de Rick Warren en su libro The Purpose Driven Life. What on earth I am here for? que mi obligación tiene que ser memorizar 1 cita de la Biblia semanalmente. Pero no por ser excesivamente religioso sino para crecer como persona y como líder mejorando así mi calidad de vida. Este es otro reto que te lanzo para que me ganes tú en el mismo.

10. Conviértete en un líder español con resonancia: 2 ejemplos tangibles

Cuando te lanzo el reto de tú seas mejor que yo y que me ganes en leer libros de liderazgo y ser un líder excelente y no un mediocre es porque creo en ti español. Hay españoles que me lo demuestran día a día.

El 10 Abril 2010 cuando toda España estaba pendiente del Clásico algunos en Alemania estábamos trabajando y leyendo libros. Y cuando digo algunos no sólo me refiero a mí sino a otros 2 españoles. Muy diferentes. Muy variopintos:

- Juanma Roca, autor del libro la Revolución LinkedIN y
- Emilio Sánchez Vicario, el líder español de la Copa Davis

Emilio, al que he conocido vía LinkedIn me pasa un sms el día del Clásico para decirme todo lo que está escribiendo y que no puede atender mis llamadas (te recomiendo que leas que bien escribe Emilio en portugués e italiano en su perfil de LinkedIn) y me ofrece ayuda para buscar editoriales para este libro.

Ese sms de Emilio me motiva y empiezo a mirar editoriales por LinkedIN y veo que Juanma Roca, aparece en una de ellas. Y le llamo. Y al coger el teléfono veo un español diferente. Le pregunto si es un buen momento para hablar. Y me dice que es el perfecto porque ha hecho deporte y estaba tranquilamente leyendo un libro. Le expreso mi admiración porque yo leo también mucho libro y me estoy comenzando a leer el libro "Becoming a resonant leader". Lo que me deja anonadado es que Juanma me dice los autores del mismo al teléfono (Mc Kee, Boyatzis y Johnston). Para compensarle en reciprocidad le digo que acabo de leerme por segunda vez el libro de Cornejo (El Ser Excelente), le doy el título y se lo apunta. Demuestra su excelencia.

Al de unas horas veo que Emilio sigue conectado a LinkedIN y le digo que debe tomar el mando del subgrupo Liderazgo Español para el deporte. Lo hace y ya me da las primeras lecciones. Borra un par de comentarios míos. Y luego se pone a invitar a gente, preguntando antes como evitar que en las invitaciones se vean los E-Mails. Y el tío (toda una figura del deporte) se pone a comentar sobre los principios fundacionales de Spanish Leadership (la definición de liderazgo) que he explicado en el capítulo 1. Los leo y me parecen bien pero todavía no me he dado cuenta de lo que sabe de liderazgo.

A la hora en que todos los españoles están pendientes del Clásico yo decido seguir a Juanma Roca. Si Juanma sabe de este libro me da celos que lo sepa antes que yo. Y me leo bastantes páginas antes del Clásico. Y lo primero que aprendo es que los autores hacen (muchas veces) énfasis en el Síndrome del Sacrificio. Los líderes de las empresas acaban fracasando porque se ven inmersos en ese síndrome. De un lado para otro: avión, llamada, reunión inútil (una tras otra) que…les hace fracasar.

¿Crees que yo vi el Clásico? Si lo vi pero por P2P TV (canal chino) en mi laptop pero leyendo el libro cada vez que había una jugada parada. Y todavía tardé una semana para captar lo que Emilio Sánchez Vicario había escrito sobre liderazgo en el subgrupo de Spanish Leadership, llamado Liderazgo Español en el Deporte. Esto escribió Emilio (entre otras muchas perlas)

La Energía que crean los hinchas, pues estos son los que tienen fé en el talento español, es una de las claves del éxito del deporte español. Sabiamente Emilio dice que "cuando la mayoría de la gente cree que la victoria es posible, la energía fluye y se mueve hacia una dirección clara: **Éxito**". Esta auto-definición marca de la casa de Emilio es completamente consistente con un principio de liderazgo: El éxito es un viaje no un destino.

Emilio cree que los cambios sociales que han sucedido en España en los últimos 20 años han hecho a los españoles pensar como los países más importantes del mundo lo cual fue clave para los últimos éxitos del deporte. Emilio dice que la prueba está en que cuando la gente cree que puede, la gente puede mover montañas. Esta auto-definición marca de la casa de Emilio es completamente consistente con lo que dice David J. Schwartz en su libro The Magic of Thinking BIG (no hay traducción al español) que lleva décadas en el mercado americano. David lo dice: Se puede mover una montaña con fe.

Emilio alaba a los líderes españoles como Luis Aragonés, Lolo Sainz o Pep Guardiola por haber encontrado la forma de crear lo que se llama ISC (Ideal State of Competition, es decir, Estado Ideal de Competición) el cual pone, según Emilio, 4 factores juntos:

1. Físico
2. Emocional
3. Mental
4. Espiritual

Nuevamente esta auto-definición de Emilio me deja perplejo porque es lo que Mc Kee, Boyatzis y Johnston recomiendan en su libro Becoming a Resonant Leader. Lo llaman The Medicine Wheel y lo ponen casi igual (Body, Mind, Spirit and Emotion).

Como ves todo tiene sentido: Si un 10 de Abril de 2010 no cojo el teléfono y le llamo a Juanma Roca no me entero de que hay españoles que ya son líderes resonantes. El uno en LinkedIn, y como Director de Relaciones con los medios de la Deusto Business School, y el otro una leyenda del deporte español.

Un 10 de Abril del 2010 para cerrar el capítulo 10. No creo en las coincidencias. Tú decides si quieres ser un español de 10.

11. Conclusiones: 20 puntos clave para tener delante de tu ordenador

El Capítulo 11 es el de conclusiones de TEAM. El equipo español de fútbol juega como un TEAM. Un once de todos para uno y uno para todos compitiendo. Por eso el capítulo 11 te lo dedico a ti para que compitas teniendo estas conclusiones todos los días delante de tu ordenador. Porque si no las tienes delante de tu ordenador, no arrancarás, te entrará el síndrome del sacrificio y no llegarás a la excelencia. Aquí van las 20:

1. El liderazgo es tratar con las personas desde el principio hasta el fin.

2. El liderazgo no es militarismo, política, visión o un puesto o posición. Los puestos y posiciones van a vienen. Las acciones y relaciones son la verdadera marca del liderazgo.

3. El ser excelente es el opuesto al ser cainita, mediocre y vago. Te reto a que te conviertas en un líder de excelencia.

4. LinkedIn atraviesa un período de crecimiento espectacular porque cuando la situación es difícil, el networking es una habilidad de supervivencia. Si bien LinkedIn fue fundado en los EEUU en 2003, está creciendo muy rápidamente en todo el mundo con un crecimiento notable en el Reino Unido, Alemania, España, Francia y muchos otros países europeos. Literalmente, millones de nuevos usuarios se unen a LikedIn cada año. Si el 2009 fue bueno, el 2010 será excelente. Ya no puedes quejarte. Si quieres ser un líder ahí tienes una herramienta tangible y respetuosa.

5. Aunque algunas personas crean que es una herramienta de ventas, para mí LinkedIn es una plataforma de networking: es una plataforma para iniciar y mantener relaciones. El resultado de crear relaciones pueden ser una venta, pero también un nuevo trabajo, encontrar un nuevo empleado, proveedor, socio o conocimiento.

6. LinkedIn está reemplazando el papel de los headhunters para encontrar un trabajo. Dado que todas las compañías líderes del mundo están presentes en LinkedIn resulta muy fácil estar conectado con sus directivos y sus recluta dores internos. Si un usuario de LinkedIn forma parte del mismo Grupo que el manager y el reclutador, pueden enviarse mensajes internos fácilmente.

7. Celebridades como Richard Branson, Barack Obama y Bill Gates están en LinkedIn. El caso de Bill Gates no es ninguna sorpresa. Ya predijo el nacimiento del e-networking en su libro Business at the Speed of Light (Negocios a la velocidad de la luz). El perfil de Obama en LinkedIN incluso ha salido publicado en el diario británico The Guardian en Londres.

8. Mientras puedes pensar que la recesión de 2008/2009 fue algo aislado, con origen en las hipotecas basura, la incomoda verdad es que existe un riesgo claro, en unos pocos años, de una recesión económica aún mayor. De forma clara, la seguridad en el trabajo ya no existe (si en realidad alguna vez existió) por eso tienes que hacer tu trabajo de network todos los días o no tendrás colchón para el futuro.

9. Si se utiliza correctamente LinkedIn por RR.HH puede virtualmente eliminar tus costes de reclutamiento porque tu empresa no tendrá que pagar a los headhunters. Ya lo dice el director de Global Staffing de Trimble en http://talent.linkedin.com. Además tu Dpto de Informática puede lograr que el nombre de tu empresa sea la líder en tu sector cuando se hacen búsquedas por web vía búsqueda Google.

10. Dado que LinkedIn tiene aplicaciones para IPhone, Blackberry y porque se puede utilizar Skype desde la oficina y desde el móvil, si haces un uso inteligente de la tecnología puedes convertirte en un experto en minimizar los costes de teléfono tanto de negocio como personal.

11. Si guías a tu departamento de Informática y a todos los reportes directos del CEO, puedes incrementar de forma significativa la presencia de tu marca en las búsquedas de Google para paulatinamente llegar a lo más alto de tu industria y/o sector. La clave está en tener tus propios Grupos con tu marca. Cada usuario puede tener 50 Grupos y cada Grupo sus 20 subGrupos lo que te da un total de 1,000 grupos con tu marca y/o nombre.. si haces este ejercicio para 10 reportes directos, ya estás hablando de 10,000 Grupos con tu marca en LinkedIn.

12. La mayoría de los usuarios no entienden el concepto de "estar linkedin" en contraposición a tener una cuenta en LinkedIn. El error más común es tener solo la cuenta de correo del trabajo. Es mucho más eficiente hacer uso de las opciones de correo de LinkedIn y colocar tu cuenta de correo del trabajo como secundaria. Una cuenta de gmail, por ejemplo nombre.apellido.compañia.linkedin@gmail.com te permite empezar a conectar con todos tus contactos de negocios asi como aprovechar el poder de duplicación de los Grupos sin molestias, esto es, de la misma forma en que tienes tu pantalla de correo abierta en la oficina tienes tu pantalla de LinkedIn abierta. Esto es lo que se llama "estar linkedin".

13. SAP lleva la delantera creando la SAP Community Network (SCN) . Debido al éxito de LinkedIn y sus Grupos, LinkedIn y SAP Community Network (SCN) han unido sus fuerzas para combinar las mejores ofertas de cada red y ofrecer excepcionales beneficios a usuarios de negocio que pertenezcan a ambas comunidades. El SAP Community Bio (en LinkedIn) es la primera de las muchas ofertas fruto de esta colaboración. Las empresas españolas líderes deben tomar nota inmediatamente de esto y aplicarlo

14. La productividad comienza con un cambio de hábitos, los hábitos son fundamentales en el liderazgo.

15. Levántate a las 7 y acuéstate a las 23 horas. No veas la televisión. Comienza tu trabajo a las 8.30 come a la 1 y sal a las 6 del trabajo.

16. Libera 40 horas (excluyendo horas de deporte y oficina) entre Lunes, Miércoles, Viernes, Sábado y Domingo a crear riqueza para ti y tú familia.

17. Funda tu propia empresa. Spanishleadership.com costó menos de 10 dólares.

18. Conviértete en un líder en tu sector, comunidad y barrio. Actúa como un líder teniendo seguidores que crecen y se transforman en líderes.

19. Crea tu propio negocio de network marketing y asóciate a una empresa líder no a segundones o copias de tercer o cuarto nivel.

20. Lo más importante: lee un libro de liderazgo una hora al día, con el objetivo de llegar a 500 libros de liderazgo en 10 años. Cuando mires para atrás desde el día que lo aplicas te darás cuenta que el éxito es una decisión personal basado en la realización progresiva de unos sueños que valgan la pena. Mis sueños son los que me dan mi fuerza de liderazgo. De ello hablaré en mi próximo libro, estate atento a la web www.spanishleadership.com y a nuestro grupo

Spanish Leadership en LinkedIn. Te dejo con mi bibliografía de 170 libros de liderazgo y éxito. Te reto a que te leas todos pues el 170 es Soñar para Ganar de Emilio Sánchez Vicario. Los sueños se hacen realidad trabajando con fe.

12. APENDICE I: BIBLIOGRAFIA DE LIBROS DE LIDERAZGO

Libro	Autor
1. Financial Freedom	Collin Turner
2. You've got everything that it takes	Julio Melara
3. How to Win Friends & Influence People	Dale Carnegie
4. Attitudes & Altitudes	Pat Mesiti
5. Escape to Prosperity	Wes Beavis
6. The Magic of Thinking Big	David Schwarz
7. Business @ the speed of thought	Bill Gates
8. Rich Dad, Poor Dad	Robert Kiyosaki
9. Personality Plus	Florence Littauer
10. Born To Succeed	Collin Turner
11. Unstoppable	Cynthia Kersey
12. Dream Biz. Com	Burke Hedges
13. Coaching for Teamwork	Vincent Lombardi
14. Think and Grow Rich	Napoleon Hill
15. Do not Worry, Make Money	Richard Carlson
16. Balcony People	Joyce Landorf Heatherley
17. Seeds of Greatness	Dennis Waitley
18. El ser excelente	Miguel Angel Cornejo
19. The Eagle's Secret: Key strategies for success at work and home	David Mc Nally
20. Talk is not cheap	Beverly Inman-Ebel
21. Attitude is everything	Jeff Keller
22. The Magic of Smiling	Dutch Boling
23. Are you living your dream?	John Fuhrman
24. Skill with people	Les Giblin
25. The electronic dream	John Fuhrman
26. Diamonds Under Pressure: Five steps for turning adversity into success	Barry Farber
27. Success: One Day at a Time	John C Maxwell
28. The Magic of Getting What You Want	David J. Schwartz
29. You and Your Network	Fred Smith
30. Nine essential laws for becoming influential	Tony Zeiss
31. Listening for Success	Steve Shapiro
32. The Heart of a Leader	Ken Blanchard
33. Time and Money.Com	Jack Matthews
34. Wake up and Dream	Pat Mesiti
35. How to have power and confidence in dealing with power	Les Giblin
36. Creating Wealth on the Web	Cynthia Stewart-Copier
37. Who moved my cheese	Spencer Johnson
38. What to say when you talk to yourself	Shad Helmstetter
39. The 9 steps to Financial Freedom	Suze Orman
40. The Parable of the Pipeline	Burke Hedges
41. It's not about the bike: My journey back to life	Lance Armstrong
42. Pro-Summer Power !	Bill Quain

43. The Management from the Inside Out: The foolproof system for taking control of your schedule and your life	Julie Morgenstern
44. Hope from my heart: Ten lessons for life	Rich De Vos
45. You Inc: Discover The C.E.O. Within	Burke Hedges
46. Hung by the tongue: What you say is what you get	Francis P.Martin
47. Becoming a person of influence	Jim Dornan/ John Maxwell
48. Read and Grow Rich	Burke Hedges
49. The Greatest Salesman in the World	Og Mandino
50. The Psychology of Winning: The 10 qualities of a total winner.	Denis Waitley
51. Acres of Diamond	Russell H. Conwell
52. The richest man in Babylon	George S. Clason
53. Suze Orman's Financial Guidebook: Put the 9 Steps to Work	Suze Orman
54. Rich Kid, Smart Kid	Robert Kiyosaki
55. Rich Dad's Prophecy	Robert Kiyosaki
56. How to Make Money in Stocks	William J. O' Neil
57. The Power of Positive Thinking	Normant Vincent Peale
58. Napoleon Hill's Positive Action Plan: How to make every day a success	Napoleon Hill
59. Winning Everyday	Lou Holtz
60. Dream Making in a Dream-Taking World	Steve Price
61. Soar to the Top: Rise Above the Crowd and Fly Away to Your Dream	Shawn Anderson
62. The Laws of Money, The Lessons of Life	Suze Orman
63. Leadership and Self Deception	The Arbinger Institute
64. Growing the distance	Jim Clemmer
65. The 21 most powerful minutes in a leader's day	John C. Maxwell
66. Basic People Skills	Dexter Yager
67. The Power of Focus	Jack Canfield, Mark Victor Hansen Les Hewitt
68. The Diamond Rule: Secrets of a Master Diamond Cutter	Dr. Nate Booth
69. Rich Dad's Success Stories	Robert Kiyosaki
70. The One Minute Manager	Kenneth Blanchard
71. Freedom Tide: How You Can Make a Difference	Chad Connelly
72. Retire Young, Retire Rich	Robert Kiyosaki
73. Eat that Frog: 21 Great Ways to Stop Procrastinating and Get More Done in Less Time	Brian Tracy
74. The Servant: A simple story about the true essence of leadership	James C. Hunter
75. 10 Rules to Break & 10 Rules to Make: The Do's and Don'ts for Designing Your Destiny.	Bill Quain
76. If You Can't Climb The Wall, Build a Door	Dr. Charles Lever
77. Water: The Ultimate Cure	Steve Meyerowitz
78. B2B Back to Basics	Bill Quain
79. Know Your Limits: Then Ignore Them	John Mason
80. The Control Theory Manager	William Glasser
81. Ocho años de gobierno: una vision personal de España	José María Aznar

82. Cash Flow Quadrant	Robert Kiyosaki
83. Opportunity knocks	Pat Mesiti (Pasquale Vicenzo)
84. Dreamers Never Sleep	Pat Mesiti
85. You´vet Got Style	Robert A. Rohm Ph D
86. Feel the Fear and Do It Anyway	Susan Jeffers
87. The 21 Success Secrets of Self-Made Millionaires	Brian Tracy
88. Digital Freedom Chats	Federico Jimenez Los Santos
89. The Quixtar Price is Right	Bill Quain
90. Whale Done	Ken Blanchard
91. The Next Generation Leader	Andy Stanley
92. A Whack on the Side of the Head	Roger von Oech
93. Making Friends	Andrew Matthews
94. Guide to Getting Rich without cutting up your credit cards	Robert Kiyosaki
95. You are Great	Julia Hastings
96. Who took my money? (Why investors lose and fast money wins)	Robert Kiyosaki
97. How to be like Rich De Vos	Pat Williams
98. Take Time for your life	Cheryl Richardson
99. The 100 simple secrets of Successful People	David Niven
100. Retratos y perfiles: De Fraga a Bush	José María Aznar
101. The Four Laws of Debt Free Prosperity	Blaine Harris & Charles Coonradt
102. Boys who rocked the world	Editors of Beyond Words Publishing & Lar DeSouza
103. The Journey from Success to Significance	John C. Maxwell
104. The Magic of Believing	Claude M. Bristol
105. Higher than the Highest Mountain	Keith Laggos
106. The Green Bench	Matt Rawlins
107. The Art of Dealing with People	Les Giblin
108. Full Steam Ahead	Ken Blanchard Jesse Stoner
109. You´re Great!	Julia Hastings
110. The Secret	Ken Blanchard Mark Miller
111. The Power of Full Engagement	Jim Loehr
112. Pursuit: Success is hidden in the journey	Dexter Yager
113. I can´t accept not trying: Michael Jordan in the Pursuit of Excellence	Michael Jordan
114. Pasión por la libertad	Federico Quevedo
115. The Power of Talking Out Loud to Yourself	Bill Wayne
116. Lessons from a Dream Maker	Joe Land with Bill Perkins
117. The Next Millionaires	Paul Zane Pilzer
118. Confident Conversations	Brad de Haven
119. How full is your bucket?	Tom Rath
120. Stop self-sabotage	Pat Pearson
121. Leadership wisdom from the monk who sold the Ferrari	Robin S. Sharma
122. Crucial conversations	Kerry Patterson and others
123. How to get rich	Donald Trump
124. You are great	Julia Hastings
125. Brain work out	Arthur Winter

		Ruth Winter
126.	Why we want you to be rich	Robert Kiyosaki Donald Trump
127.	Failing Forward	John C Maxwell
128.	Staying Power	Van Crouch
129.	How to get what you want and want what you have	John Gray
130.	Success and grow rich through persuasion	Napoleon Hill
131.	The 7 habits of highly effective people	Stephen R. Covey
132.	Here is to your success	Jeff Keller
133.	Podemos	Juanma Castaño Manu Carreño
134.	Contact Capital	Bob Proctor
135.	You´ve got Style	Robert A. Rohm Ph. D.
136.	The Law of Recognition	Mike Murdock
137.	Network of Champions	Shad Helmstetter
138.	The Green Bench II: Ongoing Dialogue about Leadership and Communications	Matt Rawlins
139.	Success is never ending, failure is never final	Robert H. Schulller
140.	How to really use Linked-In	Jan Vermeiren
141.	Unleasing the ideavirus	Seth Godin
142.	Bread winner. Bread baker	Sandy Elsberg
143.	The Fred Factor: How passion in your work and life can turn the ordinary into the extraordinary	Mark Sanborn
144.	The Power of Nice: How to Conquer the Business World with Kindness	Linda Kaplan Thaler & Robin Koval
145.	Your roadmap for success: You can get there from here.	John C. Maxwell
146.	The purpose driven life: What on earth I am here for?	Rick Warren
147.	The essence of success	Nightingale Conant
148.	Be a people person	John C. Maxwell
149.	If they say no, just say Next	John Fuhrman
150.	Raving Fans	Ken Blanchard & Sheldon Bowles
151.	Succeed and grow rich through persuasion	Napoleon Hill
152.	Wooden	John Wooden
153.	The Spellbinder´s gift	Og Mandino
154.	How to stop worrying and start living	Dale Carnegie
155.	How to Win friends and influence people (6th reading)	Dale Carnegie
156.	Body Language	Allan Pease
157.	Sponsor with Style	Rober A. Rohm and Stewart Cross
158.	Rich Dad´s Guide to Investing	Robert Kiyosaki
159.	Copy Cat Marketing 101	Burke Hedges
160.	Questions are the Answers	Allan Pease
161.	Jonathan Livingston Seagull a story	Richard Bath
162.	Who says Elephants can´t dance ?	Lou Gertsner
163.	Endurance	Alfred Lansing
164.	Little book of red selling	Jeffrey Gitommer
165.	Little black book of connections	Jeffrey Gitommer
166.	Secrets of closing the sale	Zig Ziglar
167.	Becoming a resonant leader	Annie McKee

		Richard Boyatzis Frances Johnston
168.	El reino de la humildad	Juanma Roca
169.	Revolución LinkedIn	Juanma Roca
170.	Soñar para ganar	Emilio Sánchez-Vicario

13. APENDICE II: LINKEDIN LLEGARÁ A 100 MILLONES DE USUARIOS

En Agosto 2010 publiqué el segundo libro Spanish Leadership: El buque guía español nos trajo el oro de Sudáfrica gracias a su humildad. Como verás todas mis researches sobre LinkedIn se tornan ciertas. Porque hay un leadership principle que dice: "If you do not track something, you cannot measure it". Ese tracking me permite establecer esas siguientes conclusiones que incorporé al otro libro emitido en Agosto.

13.1 Linkedin ha seguido sumando 5 millones de usuarios cada 2 meses

Cuando hablé con Juanma Roca el día del clásico en Abril, le comenté después por E-Mail que la página de LinkedIn acababa de dar 65 millones de usuarios. Juanma, autor del libro Revolución LinkedIn (lo cual tiene un mérito extraordinario hacerlo en España), me dijo en aquel momento "LinkedIn se está multiplicando a la enésima potencia".

El perfil profesional de Juanma puede verse aquí

http://es.linkedin.com/in/juanmaroca

Durante Abril, Mayo y Junio seguí interesadísimamente todo lo relacionado con LinkedIn. Puede seguirse en:

http://blog.linkedin.com/

Los anuncios se sucedieron con la introducción del Company Follow feature como lo más destacado. Esto significa que tu ahora puedes estar siguiendo a cualquier empresa del mundo para enterarse de sus resultados, y de sus oportunidades.

Antes del comienzo del Mundial (sobre el 9 de Junio) Linkedin ya anunciaba aquí
http://press.linkedin.com/about

que tiene más de 70 millones de usuarios. Es decir que el crecimiento de LinkedIn de 1 nuevo usuario al segundo se confirmaba.

Mark Williams el mayor experto de LinkedIn en Europa, (veáse que su perfil lo llama Mr. LinkedIn)

http://uk.linkedin.com/in/mrlinkedin

dice en sus comments en LinkedIn que el no apostaría en contra de que LinkedIn llegue a 100 millones en 2010. Me parece un poco exagerado pero quizás soy yo el conservador. Lo cierto es que la primera semana de Agosto miro en http://press.linkedin.com/about y veo que acaban de llegar a 75 millones. Además anuncian la compra de la empresa mSpoke Inc de Pittsburgh. Esto se puede ver en google con fecha 4 de Agosto en

http://www.sfgate.com/cgi-bin/blogs/techchron/detail?entry_id=69391

Lo cual quiere decir que en menos de 2 meses se ha vuelto a sobrepasar el milestone de 5 millones cada 2 meses. Es decir en unas 7 semanas se han sumado 5 millones más de usuarios. Queda la duda de que Agosto es el mes de vacaciones. Y que Diciembre tiene poca actividad en la segunda quincena. Si el ritmo actual se mantuviera deberiamos ver

- 80 millones a primeros de Octubre 2010
- 85 millones a primeros de Diciembre 2010
- 90 millones a primeros de Febrero 2011
- 95 millones a primeros de Abril 2011
- 100 millones a primeros de Junio 2011

No voy a especular con lo que pueda suceder pero creo que tanto Juanma como Mark tienen razón. El crecimiento es más que una simple duplicación.

Lo que si tengo claro es que LinkedIn va a salir a la bolsa y que puede ser ahora antes de fin de 2010 o en 2011. Yo creo que va a ser cuando tengan claro que se va a llegar a 100 millones con lo cual lo podrán vender como un éxito al inversor.

13.2 Twitter y LinkedIn se integraron más aún en 2010

Ya en 2009 LinkedIn y Twitter firmaron un acuerdo de sincronización e integración que está convenientemente explicado aquí por el fundador de LinkedIn y el co-fundador de Twitter. El vide es del canal oficial de LinkedIn en youtube.

http://www.youtube.com/watch?v=QVZ7VA4zORE

http://learn.linkedin.com/twitter/ te dice como realizar la integración.

Esa sincronización se puede llevar a cabo de varias formas. Una de ellas es configurar nuestro perfil de tal manera que todas las entradas que creemos en Twitter se publiquen también en LinkedIn y otra más selectiva es que sólo se sincronicen aquellos tweets que contengan las claves #li o #in.

Después en Mayo 2010 se anunció que esa integración crece. Para que te hagas una idea, ahora la aplicación de Twitter de LinkedIn nos sugerirá usuarios de la red de microblogging que nos pudieran interesaren base a nuestro perfil LinkedIn, además de mostrar las cuentas en Twitter de todas nuestras conexiones y poder crear una lista con ellas.

Personalemente pienso que esto evidencia que Twitter sabe que LinkedIn es una web seria. Yo abro siempre LinkedIn antes que mi E-Mail y a la derecha tengo una pantallita que me muestra mis tweets favoritos.

Sin embargo en mi perfil professional de LinkedIn no dejo que entre los twitters míos o de otros en LinkedIn o Twitter. La razón es que veo el riesgo de politizar o fanatizar con fútbol LinkedIn. Ya le tuve que decir a uno de Holanda que dedicarse a poner una cantidad ingente de twitters anti-islámicos reflejaba muy mal en su perfil. Y creo que es correcta mi observación. LinkedIn se basa en el respeto dado que el anónimato no existe. En LinkedIn se ven todos tus galones profesionales y nadie quiere escribir tonterías ni mostrar calentones.

Dicho esto a nivel de Spanish Leadership tenemos un twitter llamado Spanish Leadershp cuya URL es

http://twitter.com/spanishleaders

Ahí tenemos más de 500 contactos con todas y cada una de las cuentas de twitters dedicadas a leadership, success y coaching en EE.UU, Europa, Asia y Oceanía.

Te puedes imaginar el caudal de conocimientos de leadership que esto genera.

Impresionante. Te dejo un ejemplo de los twitters que tengo en nuestro perfil en pantalla.

- **thisissuccess**

The sweetest sounds are of the ocean waves splashing against the shore, the leaves rattling from a slight cool breeze, birds chirping, etc. about 1 hour ago via Twitter for BlackBerry® Retweeted by you

  - Reply
  - Retweeted (Undo)

- **motivationlive**

Success is getting what you want. Happiness is wanting what you get. Dale Carnegie about 1 hour ago via Ping.fm Retweeted by you

  - Reply
  - Retweeted (Undo)

-

Success is never ending failure is never final. Robert Schuller about 1 hour ago via web

  - Delete

- **AndyStalman**

"Los líderes no crean seguidores, crean más líderes." - Tom Peters #leaders #liderazgo #leadership #twitter about 1 hour ago via web Retweeted by you and 3 others

  - Reply
  - Retweeted (Undo)

-

World Cup 2010 Spain said O´Siyeza to South Africa and now says Mandela Friends for Life.Invictus http://bit.ly/dyvs4k about 1 hour ago via web

- Delete

-

@AmaraV89 ya te dijimos que tienes talento about 2 hours ago via web in reply to AmaraV89

- Delete

- **motivationlive**

What I am looking for is not out there, it is in me. Helen Keller about 3 hours ago via Ping.fm Retweeted by you and 2 others

- Reply
- Retweeted (Undo)

-

Before you break silence give people a sincere smile Les Giblin about 3 hours ago via web

- Delete

-

Remember the first few seconds of any relationship usually sets the tone and the spirit of it Les Giblin about 3 hours ago via web

- Delete

-

Remember the first few seconds of any relationship usually sets the tone and the spirit of it about 3 hours ago via web

- Delete

-

I will do today as others will not, so I can live tomorrow as others cannot John Fuhrman about 3 hours ago via web

- Delete

-

The winner is always part of the solution, the loser is always part of the problem Miguel Angel Cornejo about 3 hours ago via web

- Delete

-

Teamwork is a key ingredient of success in business. Vincent Lombardi about 3 hours ago via web

- Delete

•

Dare dreaming and never forget than when effort gives up, failure begins about 3 hours ago via web

- Delete

•

Success is a journey not a destination about 3 hours ago via web

- Delete

•

I do not reflect on today´s victory but on my journey over 36 years in the profession (Vicente del Bosque) about 3 hours ago via web

- Delete

•

Success should not deviate us from our goals (Vicente Del Bosque) about 3 hours ago via web

- Delete

•

Success is about doing common things unusually well Collin Turner about 3 hours ago via web

- Delete

•

The role of leadership is to create more leaders not to create more followers about 3 hours ago via web